教育的未来
人工智能时代的教育变革
（原书第2版）

（Joseph E.Aoun）
[美] 约瑟夫·E.奥恩 著
李海燕 王秦辉 译

Robot-Proof
HIGHER EDUCATION in the Age of Artificial Intelligence
revised and updated edition

机械工业出版社
CHINA MACHINE PRESS

本书第 1 版旨在为人工智能时代来临前夕的高等教育改革绘制蓝图，而现在人工智能时代已经到来。第 2 版的问世完全是为了响应第 1 版对新课程的呼吁，即通过体验式学习和终身学习来强化"人类学"。第 2 版对第三章"未来的学习模式"进行了大幅更新，以适应科技、数据和人文素养的新变化，这些方面在人工智能时代来临前并不那么重要，但现在已经成为焦点。第四章"体验不同"和第五章"终身学习"在第 1 版论证的基础上进行了扩展，解释了在人工智能不断改变工作和社会的情况下，采用体验式学习和终身学习等具体途径的必要性，以及它们为什么比以往任何时候都更容易引起人们的共鸣。在第 2 版中，作者试图围绕气候变化、经济变化和社会凝聚力等重大挑战讨论人工智能时代的教育问题，认为应对人工智能和解决这些相关问题都迫切需要个人的重塑。

Robot-Proof: Higher Education in the Age of Artificial Intelligence, revised and updated edition by Joseph E. Aoun

© 2024 Massachusetts Institute of Technology

Simplified Chinese Translation Copyright © 2025 China Machine Press. This edition is authorized for sale in the Chinese mainland (excluding Hong Kong SAR, Macao SAR and Taiwan).
All rights reserved.

此版本仅限在中国大陆地区（不包括香港、澳门特别行政区及台湾地区）销售。未经出版者书面许可，不得以任何方式抄袭、复制或节录本书中的任何部分。

北京市版权局著作权合同登记　图字：01-2024-5042 号。

图书在版编目（CIP）数据

教育的未来：人工智能时代的教育变革：原书第 2 版／（美）约瑟夫·E. 奥恩（Joseph E. Aoun）著；李海燕，王秦辉译. -- 北京：机械工业出版社，2025. 2（2025.10重印）.
ISBN 978-7-111-77389-4

Ⅰ. G40-03

中国国家版本馆 CIP 数据核字第 20252UC856 号

机械工业出版社（北京市百万庄大街 22 号　邮政编码 100037）
策划编辑：坚喜斌　　　　　责任编辑：坚喜斌　刘林澍
责任校对：王荣庆　李　婷　责任印制：任维东
唐山楠萍印务有限公司印刷
2025 年 10 月第 1 版第 2 次印刷
145mm×210mm・7.125 印张・3 插页・118 千字
标准书号：ISBN 978-7-111-77389-4
定价：59.00 元

电话服务　　　　　　　　网络服务
客服电话：010-88361066　　机　工　官　网：www.cmpbook.com
　　　　　010-88379833　　机　工　官　博：weibo.com/cmp1952
　　　　　010-68326294　　金　书　网：www.golden-book.com
封底无防伪标均为盗版　　　机工教育服务网：www.cmpedu.com

推荐序

我和这本书的出版还真有点"渊源"。大约两年前，我买过由 MIT 出版社于 2018 年出版的这本书的英文版。当时还没有 ChatGPT，因此英文版的书里完全没有提到这一新兴技术。读完后，一方面我感觉很有收获，是这些年来读到的解读教育在信息技术高度发展背景下该往何处去的一本少见的好书；另一方面我也很想知道作者在 ChatGPT 之后会不会有什么新看法。

于是我开始关注 MIT 出版社的网站。2024 年上半年的某一天，我突然看到网站上的公告说这本书将有一个更新版本在 2024 年 10 月 15 日出版。于是，一方面想着要在第一时间得到一本更新版本的书（这个愿望已经实现），另一方面我认定将其翻译出来是很有价值的。有了这样的想法，我就立刻和一家国内的出版社取得联系，请他们去张罗中文版版权的事宜，并自告奋勇地争做这本书的译者，以飨国内更多读者。该出版社回复说，中文版权已经授权机械工业出版社了。于是，我就联系机械工业出版社，表示自己想作为译者的意愿。机械工业出版社回复，《教育的未来：人工智能时代的教育变革》（原书第 2 版）的翻译将延续第 1 版的译者，而且他们已经在工作中了，不过欢迎我写个推荐序，于是就有了这篇推荐序。想想也是很有意思，为这种事情主动请缨不成，还进而取其"次"，以前还从来没有发生过，只能说明我真是喜欢这本书。

这本书好在哪里？这得从当前时常都可以听到的，关于人工智能泛在的条件下教育该怎么办的讨论谈起。我注意到，那些讨论大多数都指向"AI ＋ 教育"或者"教育 ＋ AI"，即把 AI 作为改进教育的工具。是的，那是值得讨论的，讨论中也产生了一些很有价值的观点，例如南京大学陈道蓄老师在一次研讨会上指出，如果将来 AI 只成了老师教学的工具，而没有成为学生学习的工具，将是一种悲哀。我认为这就是一种真知灼见，尽管如何让学生用好 AI 本身就是一个很大的挑战。

此外，也许更值得讨论的是，AI 以当下水平的出现，以及可以想象的发展，影响的将不仅是教育，而是整个社会。在一个无处不嵌入 AI 的社会中，教育该如何应对？如果说教育这样一种人类社会实践有其特有的目标、内容和方法等，那么，我以为当下谈"教育＋AI"主要涉及的是方法，这从人们在各种论坛中谈到的事情可以感知到。而教育的目标和内容如果不是更重要的话，至少应与方法同样重要，但在我们的各种论坛中，一是谈得不够，二是也更不容易说清楚。媒体报道中充满了对恐惧和危机的渲染。我们如何应对？人们普遍缺乏理性的探讨。

《教育的未来：人工智能时代的教育变革》（原书第2版）恰好是在这个方向上的一部力作。概略地讲，作者回顾了在人类发展的不同时期，技术进步导致人们劳动的改变，以及教育的目标和内容为适应那些改变而发生的变化，强调想象力、创造性以及在各种场合灵活运用知识的能力是人类本质的优势，在人工智能时代应该得到加强，而这是可以通过教育来实现的。为此，作者描述了一个独立于学科专业的，适应人工智能时代的人的心智和基本能力框架，包括科技、数据和人文三种素养。其中，人文素养分为核心认知能力、催化认知能力和创造性认知能力三个方面，各自又包含三个要点。进而，作者从教育实践的观念出发，谈到形成这些素养和能力的方法论，即体验式学习。具体都有哪些内容，我们翻开这本书就可细细品鉴。我们可以不完全同意作者的认识和观点，或者认为该书还有一些缺憾，但我相信，能静下心来读这些文字的读者会从作者坦诚而有力的叙事中获得丰富的营养。

李晓明，湾区大学讲席教授

2024 年 11 月 7 日　于东莞松山湖

第 2 版前言

2017 年本书的第 1 版首次出版时，引起了人们对技术和自动化的极大兴趣，也制造了焦虑。人们在读新闻时，忍受着铺天盖地的"机器人将抢走我们的工作"的头条新闻。媒体上关于全球化和工作外包的长篇大论销声匿迹，取而代之的是那些阐述算法和"大数据"将如何取代人力劳动的解读文章。而对人工智能的认识——计算机和机器在没有人类指导下的学习能力、对新输入信息的调整能力，以及对人类任务的执行能力——开始刺痛公众的意识。

在过去的几年里，人类经历了一次全球疫情的攻击，在欧洲发生了自 20 世纪 40 年代以来未曾有过的大型战争。地球在气候变化的阵痛中风暴不断，大火连绵，而数百万人在为种族公平和经济平等发声呐喊。人工智能再次成为焦点。

2022 年 11 月 30 日，OpenAI 人工智能研究实验室推出了ChatGPT，让一部分世人首次接触到生成式人工智能（Generative AI）。世人对此的反应是惊讶、喜悦，甚至有点惊慌。人们已然意识到，ChatGPT可以用流利、自然的语言立即生成措辞优美的文本。它博览群书的程度远超人类，吸收了互联网上的大量信息。它有奇思妙想，甚至可以说幽默风趣。它也容易犯奇怪的错误，也会编造事实。就像自古以来所有的技术一样，它可以造福众生，也可能祸害百姓。和所有基础技术一样，它有望改变人们的工作，从而改变我们的经济状况。

这就是为什么我会重新拿起这本书，着眼于更新第1版中阐述的一些概念。第1版旨在为人工智能时代来临前夕的高等教育改革绘制蓝图，而现在人工智能时代已经到来。在我看来，这第2版的问世完全是为了响应第1版对新课程的呼吁，即通过体验式学习和终身学习来强化"人类学"（humanics）。然而，还有些内容需要修订。

第2版对第三章"未来的学习模式"进行了大幅更新，以适应科技、数据和人文素养的新变化，这些方面在人工智能时代来临前并不那么重要，但现在已经成为焦点。例如,"数据素养"(data literacy)的定义必须包括从人工智能生成的数据中辨别可靠数据与不准确的信息和谎言的能力。同样,对"认知能力"(cognitive capacities)的讨论也从最初关注创业精神、文化敏捷性等特征扩展开来,以更广阔的视野来看待人类心智能力。

第四章"体验不同"和第五章"终身学习"在第1版论证的基础上进行了扩展,解释了在人工智能不断改变工作和社会的情况下,采用体验式学习和终身学习等具体途径的必要性,以及它们为什么比以往任何时候都更容易引起人们的共鸣。第四章探讨了体验式学习对于那些想要在快速变化的职场中(例如,人工智能减少了入门级工作)保持领先地位的学生来说多么重要。第五章进一步论证了终身学习将成为未来教育的默认途径,因为人工智能驱动的变化缩短了业务转型周期,几乎让所有员工都容易遭到淘汰——除非他们有机会及时提升技能和掌握新技能。本章还说明了终身学习不仅会影响那些努力追求职业发展的个人,而且会带来远离创新经济区域之外的社区繁荣。

在第2版中,我试图围绕气候变化、经济变化和社会凝聚力等一些重大挑战讨论人工智能时代的教育问题，认为应对人工智能和解决这些相关问题都迫切需要个人的重塑。我始终坚信高等教育是完成这项任务的理想工具。

美国东北大学校长
约瑟夫·E. 奥恩
2023 年 9 月

致　谢

自七年前《教育的未来：人工智能时代的教育变革》首次出版以来，人工智能如何改变大学的讨论已在世界各地的演讲厅、会议室和会议中心生根发芽。从日本到欧洲再到美洲，我有幸与许多学生、朋友和同事就书中观点进行了交流。对于他们的意见，我表示最诚挚的感谢。

我也曾与任职学校东北大学的学生、教职员工和工作人员讨论这本书，并从中受益匪浅。我也衷心感谢他们的见解和对"东北大学2025"学术计划的贡献，这项学术计划让本书中的许多观点得以成型。

感谢 J.D. 拉罗克（J.D. LaRock）和安德鲁·里马斯（Andrew Rimas）与我在项目中各个阶段密切合作，如果没有他们的贡献，该书第 2 版就不可能问世。感谢我曾经共事过的同事吉姆·比恩（Jim Bean）和史蒂夫·迪雷克托（Steve Director），以及我现在的同事，迈克尔·阿米尼（Michael Armini）、肯尼斯·W. 亨德森（Kenneth

W. Henderson)、玛丽·卢登（Mary Ludden）、大卫·马迪根（David Madigan）、拉尔夫·马丁（Ralph Martin）、托马斯·内德尔（Thomas Nedell）、黛安·西谷·麦吉尔里弗雷（Diane Nishigaya MacGillivray）和玛丽·B. 斯特罗瑟（Mary B. Strother）。他们是我工作的伙伴，这些工作让我获得了本书中的诸多理念。乌萨马·法耶兹（Usama Fayyad）还分享了他在人工智能方面宝贵的专业知识。

对已故的瓦尔坦·格里高利（Vartan Gregorian）和已故的亨利·纳塞拉（Henry Nasella），我深表谢意，并深切怀念他们的友谊。一如既往，向尼尔·芬尼根（Neal Finnegan）、西·斯滕伯格（Sy Sternberg）、里奇·达莫尔（Rich D'Amore）致以最深切的谢意。除了要感谢众多的学生、学者和商界领袖，他们为本书第 1 版贡献了许多思路之外，我还要感谢所有通过对话和访谈为本书第 2 版增添活力的人们。

最后，一如既往，我要把这一切都归功于我的妻子泽娜（Zeina）、儿子阿德里安（Adrian）和卡里姆（Karim），感谢家人给我的爱与支持。

前 言

几千年前，农业革命让我们的祖先开始使用镰刀和耕犁；几百年前，工业革命让农民离开田野进入工厂；仅仅一百年前，科技革命使许多人离开工厂车间坐入办公室隔间。

今天，我们正经历人类谋生方式的又一场革命，而这场革命再次让人们重新审视旧有的观念。这次革命的动力又是新技术的发展。但是，这次革命的引擎不再是驯化谷物种子，也不是轧棉机或蒸汽机，而是数字化和机器化。

我们生活在一个充满科技奇迹的时代。机器学习能力的进步使计算机能够借助所谓的"大语言模型"（large language models）而不是显式编程（explicit programming）来实现自我训练，这推动了人工智能的崛起。正如经济学家埃里克·布莱恩约弗森（Erik Brynjolfsson）和安德鲁·麦卡菲（Andrew McAfee）在他们的著作《第二次机器革命：数字化技术将如何改变我们的经济与社会》中所述，社会已发展到一个转折点，计算机已经处于"全力"改变世界的阶段，这就如瓦特的蒸汽机改变了由牛车拉动的经济形态一样翻天覆地。[1] 劳工问题专家的担心不乏理由，即计算机已经如此擅长人类的各种能力，可能很快就根本不再需要人类劳作。[2]

处于这个转折点的证据随处可见。无人驾驶汽车能运送乘客并收取车费。机器人在爬楼和开门方面毫不费力。生成式人工智能即时输出的语言之雄辩、博学和机智令世人震惊——更不用说它逼真的像素级写实技巧。此外，不仅机器的能力呈指数级增长，传感器、GPS 系统和陀螺仪的能力亦是如此。我们不仅让计算机拥有了人工智能，还让它有了眼睛、耳朵、手和脚。

因此，人工智能已经接手了一系列曾经专属于人类的角色和工作。几年前，IBM 的超级计算机沃森（以公司创始人和首任首席执行官的名字命名）在游戏节目《危险边缘》中击败了人类竞争对手，让蝉联冠军肯·詹宁斯（Ken Jennings）宣称自己是"过时的万事通"。同样，谷歌的人工智能程序阿尔法狗（AlphaGo）在古老的棋盘游戏围棋中击败了中国大师柯洁，围棋是一种类似于国际象棋的游戏,但其下法更多,结果也更纷繁,令围观之人大吃一惊。

全球消费者已经习惯了机器学习驱动周遭的一切,从垃圾邮件过滤器、亚马逊购物清单到约会应用软件,都在告诉我们看什么、买什么、去爱谁。人工智能可以分析股票、诊断放射图像、设计网站,以及制订营销计划,并为客户提供详尽、深入的信息支持。在战场上,人工智能通过筛选卫星和无人机视频,让前线的人类士兵了解进攻目标和敌人的动向。

人工智能甚至剥夺了缪斯女神的权限。只需轻按一下回车键,它就会立即创作小说、散文和学术论文。很快,它就会编写、导演、拍摄以及表演娱乐节目,让我们能在设备上播放,提供无尽的观看体验,完全符合我们的喜好。各个艺术领域的人类创作者时而对这些技术带来的可能性感到兴奋,时而又对机器无偿模仿他们的杰作致其失去商业价值感到恐惧。

医生们欢迎这些技术的加持,这加速了医学领域的研究和实践。除了帮助医生筛查病因外,人工智能还能将病人的症状与疾病数据库进行匹配,其表现甚至超越了最博学的人类专家。它比任何实验室技术人员的工作效率更高、知识也更渊博，它将潜在的不同治疗方法的相关信息应用于各种疾病，以设计出最有效的治疗方案。2020 年，人工智能实验室 DeepMind 开发的工具 AlphaFold 预测了超过 35 万种蛋白质的形状，包括了人类基因组显现的所有蛋白质，从而大大提高了科学家发明新药的能力。这款工具并没有满足于此。两年后，AlphaFold 预测了科学界已知的每种蛋白质的形状。

所有这些技术突破都不是悄无声息的。2022 年，生成式人工智能市场的价值为 400 亿美元。到 2032 年，专家认为其价值将达到 1.3 万亿美元。[3] 但代价是什么？人们对人工智能的反应有恐惧、厌恶，也有遇到救赎的狂喜，但他们通常可以分为三个大类——我称之为技术预警者、技术监管者和技术爱好者。

技术预警者里的成员有些出人意料，他们是创造人工智能本身的一些先驱。例如，杰弗里·辛顿（Geoffrey Hinton），被称为"人工智能教父"，他的工作对生成式人工智能所基于的人工神经网络的发展至关重要。ChatGPT 首次亮相后不久，辛顿辞去了谷歌的职务，理由是担心人工智能会被坏人滥用，导致大规模失业、经济灾难以及人类灭绝。他告诉《纽约时报》[4]："这个东西实际上可能会变得比人类更聪明……我曾觉得这种想法很离谱，但我现在不这么想了。"

许多人都和他有同感。2023年3月，一千多名科技领军人物、研究人员和其他了解人工智能的观察员共同签署了一封公开信，指出人工智能"给社会和人类带来了巨大的风险"。其中包括OpenAI的联合创始人之一埃隆·马斯克（Elon Musk），他还呼吁该技术的开发应暂停六个月。基督教和天主教的神父、犹太教的拉比和伊斯兰教的伊玛目等一众宗教领袖与教皇方济各会面，并达成共识。他们呼吁人工智能应"尊重人类世界的伦理和道德界限"，并遵守以下几项原则：它应该是可解释的、包容的、公正的、可复制的，并且要求人类始终对人工智能生成的决策负责。甚至三家处于领军地位的人工智能公司的首席执行官——OpenAI的山姆·奥特曼（Sam Altman）、DeepMind的德米斯·哈萨比斯（Demis Hassabis）和Anthropic的达里奥·阿莫迪（Dario Amodei）——也在2023年5月签署了一份声明，内容如下："将人工智能带来的灭绝风险降至最低应该成为全球优先事项，与大流行病和核战争等其他社会规模风险的控制同等重要。"[5]

因此,对人工智能进行有意义的监管的呼声越来越高,这不足为怪。欧盟的技术监管机构提出了一项法案,该法案要求该技术的"基础模型"创造者(例如上述公司)对其系统的使用方式承担部分责任,即使他们无法控制这些系统嵌入的应用程序。该法案还要求科技公司发布用于训练系统的受版权保护的数据摘要。越来越多的诉讼主张是,如果人工智能是在人类创作的作品上进行训练的,那么人工智能的所有者有义务向这些创作者支付使用费。

在美国,技术监管工作由国会、州立法机构和联邦贸易委员会等行政机构分工负责。所有这些机构都提出了大量提案。一些提案呼吁防止人工智能垄断,另一些提案则要求披露系统训练所用的数据。许多人表示,人工智能生成的内容应该打上"水印",表明它不是由人类创造的,尽管没有人确定此举实际上如何发挥作用。人工智能系统所设计的选项很少是价值中立的,数据是其来源的镜像,扭曲了这些系统,会使现有的不平等现象得以延续——例如,拒绝向那些非白人男性提供贷款的信贷算法就有立场偏颇。[6]如果不加以控制,人工智能出现偏颇的现象就会激增。由于单纯使用互联网内容训练的系统会迅速陷入虚假信息、阴谋论和仇恨言论的泥潭，因此人们希望防止这种情况发生。一些立法者甚至（也许是很明智地）认为核武器和人工智能不应该相互兼容。

然而，人工智能最伟大的传道者仍然坚信，人工智能带来的福祉几近完美。不出所料，最引人注目的技术爱好者来自硅谷和大工业界。其中最突出的一位是从上一次技术革命中获利最多的人——那次革命为我们带来了个人计算机。2023年3月，比尔·盖茨发表了一篇博客，称赞人工智能时代的到来，并将它与微处理器、计算机、互联网和手机等伟大发明相提并论。[7]而领英联合创始人里德·霍夫曼（Reid Hoffman）的风险投资公司格雷洛克合伙企业已经支持了37家人工智能公司，并且这个数字还在继续增长。"我正在积极地敲响鼓声，"他说，并断言这项技术将"提升人类"，或许能给每个人发一位人工智能个人医疗助理或导师。[8]有趣的是，IBM的首席执行官阿尔温德·克里希纳（Arvind Krishna）认为人工智能会对人类工作造成破坏，这是肯定的。克里希纳观察到，在新冠疫情暴发后的几年里，一些发达经济体经历了劳动力短缺，他指出："我们必须拥有可以提供帮助的技术。美国目前的失业率为3.4%，是60年来最低的。所以也许我们可以找到替代部分劳动力的工具，这次是件好事。"[9]

本书的目的不是在技术预警者、技术监管者或技术爱好者之间选边站队。相反，它只是承认人工智能现在已经融入了现代生活的方方面面——所以人类最好学会如何利用人工智能来实现蓬勃发展。

适合我们时代的高等教育

过去几年，我和许多即将步入职场的学生，以及雇佣他们的商界领袖进行了对话，从中得到了一些重要启示：为了在这个新的经济现实中保持相关性，高等教育需要进行重大调整。21世纪的大学不应该教育大学生从事那些在技术浪潮下即将消失的工作，而应该将学生从过时的职业模式中解放出来，让他们掌握自己的未来。它们应该为学习者提供在科技主导的经济模式下茁壮成长所需的素养和技能，并继续为他们提供在全球多元化环境中应对生活挑战所需的学习机会。高等教育需要一种新的模式和定位，不再单纯关注本科生和研究生这两类学生的教育。大学必须扩大其影响力，成为终身学习、劳动力创造和终身重塑的引擎。

这种教育转变是必要的，因为人工智能这个精灵不会把自己塞回瓶子里。在过去的技术革命中，那些受拖拉机和珍妮纺纱机影响的农民和织工，不得不经历经济模式的转变和艰难的职业转型。然而，通过再培训，他们可能在新的工厂车间找到工作。同样，随着信息时代来临，大量传统制造业消亡，许多人经过教育和培训，能在先进的制造业、服务业企业或办公园区找到工作。今天，旧真理正在迅速消亡，补救措施并不明显。但我们可以自信地说，工作将变得更加复杂，而不是更简单。因此，教育仍将是人们晋升到更高专业层次的阶梯。

我们无法知道人工智能将创造什么样的工作，但我们可以猜测，这些新工作将需要广泛的技术知识。五十年前，没有人能想象"深度学习工程师"会是一个合法的职业，但现在它出现了。

当我们穿越这片未知的领域时，我们必须问一下：我们应该如何为这个快速变化的世界做好准备？教育如何帮助个人进步和社会繁荣？

作为一名大学校长，这对我来说不是一个小问题。

事实上，我领导的东北大学明确关注教育与工作之间的联系。作为体验式学习的先驱，以高等教育的合作模式为基础，东北大学的使命一直是让学生做好准备，去过充实和有成就的生活。与此同时，高等教育也是创造劳动力的工具，如果大学不向其员工传授最前沿的技术，先进制造业或清洁绿色能源等重要行业就无法正常运转。个人职业、公司、城市甚至经济的崛起都取决于我们课程的时效性和劳动力从课程中所取得的收获。然而，尽管如此，我认为现有的高等教育模式已经落后于现实中新兴的人工智能经济模式——也赶不上后者必然会带来的变化。

在《万物的黎明》（*The Dawn of Everything*）一书中，大卫·格雷伯（David Graeber）和大卫·温格罗（David Wengrow）向我们讲述了"kairos"这一希腊概念，即社会有时会经历参考框架发生变化的时刻，导致"基本原则和符号"的蜕变。[10]

我们生活在一个"kairos"时代，尽管一些高等教育部门的工作人员似乎没有意识到这一点。即便如此，教育的首要目的之一依然是提供背景和视角，以便我们能够设想可能发生的事情。

我相信，在教育的加持下，还会有很多工作有待人类完成。恢复环境和消除贫困等伟大事业将需要全世界的人才贡献力量。机器将帮助我们探索宇宙，但人类将面对宇宙发现的后果。人类仍将阅读由人类作者撰写的书籍，并被出自人类想象力的歌曲和艺术品感动。人类仍将采取无私、勇敢的道德行为，并选择为改善世界和人类本身而采取行动。人类还将继续照顾弱小、安慰病人、烹饪美食、酿酒嬉戏。我们所有人都有很多事情要做。

为此，本书提供了一套升级版的高等教育模式。该模式将培养新一代创造者，并为之赋能，他们能够利用我们这个时代的所有科技奇迹，在经由人工智能改变的经济和社会环境中茁壮成长。本书还构想了一种高等教育模式，即使在学生开始职业生涯很久以后，也继续向他们提供教育支持，助力其整个人生。从某些方面来看，本书似乎是一张将高等教育引向新方向的路线图。然而，它并没有脱离传统，而是延续了高校数百年来的宗旨：为学生做好积极生活的准备，使其能够应对当今和未来世界的严峻考验。教育始终服务于社会的需求。现在比以往任何时候都更需要这样做。这是因为教育是进步和变革的引领者——而变革是教育生命长短的决定性力量。

独特的人类教育

教育本身就是一种回报，它为我们提供了精神上的装备，让我们过上内心渴望的丰富多彩的生活。对于发达社会和经济体中的大多数人来说，它也是从事白领工作的先决条件。没有大学学位，普通雇员将很难攀登经济阶梯，甚至可能发现自己会不断下滑。

当经济环境发生变化时，高等教育也必须发生变化。以前也发生过这种情况。社会一直试图教育人们最有价值的学科。因此，在18世纪，殖民地院校向未来的律师和牧师等精英人群教授古典文学、逻辑学和修辞学。在19世纪，科学院校和农业学院兴起，以满足充斥蒸汽和钢铁的工业化世界的需求。在20世纪，我们见证了企业经济下适合办公室工作的专业学位的增长。

在当今世界的大部分地区，殖民时代和工业时代只存在于历史书中，甚至办公室时代也正在发生转变。我们生活在数字时代，学生们面临着一个数字化的未来，在这个未来中，人工智能将承担越来越多的人类工作。

就业将较少涉及事实的常规应用，因此教育也应该相应地调整。为了确保毕业生在工作场所能够"防御机器人"（不受其干扰），高等教育机构必须重新平衡学生们的课程和实践。

高等教育的"防御机器人模式"所重点关注的不是用大量的事实充实学生的头脑，相反，它旨在重新调整学生的思维引擎，使其具有创造性思维和思维弹性，从而发明、发现或以其他方式生产出社会认为有价值的东西，可以是任何东西——一个科学证明、一段嘻哈音乐、一个新的锻炼方案、一幅网络漫画或一个癌症治疗方法。无论创造什么，它都必须在某种程度上具有足够的原创性，才能避开"常规"的标签，从而免受自动化的威胁。防御机器人模式不培养劳动者，它培养创造者。

机器人领域正在创造历史上最先进的一代机器，因此我们需要一个同样适用于人类的框架。在接下来的几页中，我将介绍一门新课程——人类学（humanics）——的框架，其目标是在无限的生活情境中培养创造力、灵活性和能动性。人类学以人类天生的优势为基础，让学生能够在人工智能与人类专业人士一起工作的世界中茁壮成长。就像今天的法学院学生，他们既学习特定的知识体系，又学习法律思维一样,明天的人类学学生既要掌握特定的内容,又要具备人类独有的认知能力。

接下来,我将描述人类学的框架和内部运作机制,但在这里我首先要解释它的双重属性。第一方面,即其内容,形成于我所说的新素养(new literacies)之中。在过去,阅读、写作和数学素养构成了参与社会生活的基础。即使是受过教育的专业人士也不需要任何技术能力,只需要知道如何凭借一套办公程序来点击和拖动鼠标即可。这种能力已经不够用了。在未来,毕业生需要在传统素养的基础上再增加三种素养——科技素养、数据素养和人文素养。使用模拟工具的人们无法在数字化世界中茁壮成长。在人工智能的帮助下,人们的生活和工作离不开源源不断的信息流和每时每刻生成的新信息。科技素养让人们了解机器的工作原理。数据素养使人们能够分析和判断这些不断涌现的信息流的价值。人文素养让人们有创造力、文化素养、同理心。通过与外部联系,使人们能够在社会环境中蓬勃发展。

如前所述,单靠知识不足以完成未来的工作。因此,人类学的第二方面不是一组学科内容,而是一组认知能力。它们是一些高阶的心理技能——思维方式和思考世界的方式。它们包括核心能力，例如文科课程的传统目标、批判性思维；它们培养自律、理性分析和判断的习惯；它们包括驱动行动的催化能力（例如，对风险的适应能力）和创造能力（例如在参数的明确范围之外的创新思维）。

新素养要与认知能力结合在一起，通过培养学生的创造力、能动性和人际交往能力，让学生超越人工智能。这样做，学习者既能与他人合作，又能和机器配合，同时突出两者的优势。简而言之，人类学是人类的一个百宝箱。

本书还探讨了人们如何掌握百宝箱里各种工具的用法。为了提高认知能力，学生不仅仅要在课堂上阅读或把所学知识在案例研究或模拟课堂中应用。为了在脑海中巩固认知能力，他们需要在合作项目组织或长期实习等真实的工作环境中体验紧张和不确定性。就像体验式学习如何让幼儿了解语言和行走的秘密，蒙特梭利教学法如何让学生学习阅读和数数，篮球运动员和音乐家如何完善他们的跳投或琶音，同样，大学生也要学习如何获得不同的思维方式。这使体验式学习成为传授人类学的理想方式。

然而，新的高等教育模式必须考虑到这样一个事实：学习并不会随着获得学士学位而结束。随着机器不断超越旧有的界限，人类也必须继续磨炼自己的心智能力、技能和科技知识。人们很少会停留在他们毕业时选择的职业轨道上，所以他们需要终身学习的支持。大学应满足这些学习者的需要，为其提供相应的学习支持。这意味着我们的教育方式以及我们关于受教育的时间等理念将发生根本性转变。对于大学来说，仅仅关注在割裂的时间段为本科生和研究生提供培训已经无法满足需求了。高等教育必须拓宽其服务对象并延长其服务时间。我们必须为每个人提供服务，无论他们处于人生的哪个阶段。我们必须为整个社会服务。

大学无法单独完成为所有人提供终身学习服务的任务。随着人工智能时代的到来，需要重新制定社会契约，将高等教育、政府、雇主和学习者团结在一起。冷战时期的社会契约是政府支持大学研究，然后由公司将其研究发现带到世界各地的模式。在此基础上，现在的契约将召集全社会的合作伙伴，承担起为每个人提供继续教育机会的任务。如果我们注定从事如此宏伟的事业，学习者可以重新开发他们的技能和职业路径，雇主可以重新开发他们的才能，高等教育也可以为人工智能经济的实现而重新开发自己的能力。这对整个社会的好处将是不可估量的。

到 2030 年，地球将有 85 亿人类居民，他们都拥有雄心、智慧和潜力。[11]人与人的联系将比我们今天更加紧密，人与人的竞争将更激烈。人工智能将更加错综复杂地交织在我们的个人和职业生活之中。许多现有的工作将会消失。许多未知的工作尚待发明。唯一可以确定的是，世界将会改变——变化既带来挑战，也带来机遇。在许多情况下，它们是一回事。

教育将决定它是机遇还是挑战。

目 录

推荐序
第 2 版前言
致　谢
前　言

第一章　对人工智能未来的担忧 / 1
　　元素和工作 / 3
　　罗宾汉归来 / 5
　　进步的引擎 / 8
　　对人工智能未来的担忧 / 10
　　引擎中的扳手 / 15
　　教育解决方案 / 22
　　换一种思考方式 / 24

第二章　工作智慧 / 29
　　使用人工智能 / 36
　　带着系统思维工作 / 41
　　与人类合作 / 45
　　人类智能在人工智能工作场所的作用 / 48

第三章　未来的学习模式 / 52
　　人工智能时代的人类智能 / 57

人类是创造之母 / 59
新素养 / 68
科技素养 / 69
数据素养 / 73
人文素养 / 77
认知能力 / 78
核心认知能力 / 79
催化认知能力 / 83
创造性认知能力 / 84
如何培养创造力 / 86

第四章　体验不同 / 89
什么是体验式学习 / 91
为什么体验式学习有效 / 95
住宿制模式下的学习环境 / 98
为什么体验式学习能让你具备防御人工智能的能力 / 101
合作学习 / 109
合作教育在行动 / 119
评估体验 / 125
终身体验式学习 / 127

第五章　终身学习 / 129
终身学习的卑微开端 / 133
对终身学习的需求 / 136
个性化的终身学习 / 139
时间和地理位置 / 139
通过个性化学习获得更好的学习成果 / 141
个性化体验 / 144
雇主的个性化定制 / 146

XXXI

学习成果的个性化定制 / 146
　　　业务成果的个性化定制 / 148
　　　对大学的一些启示 / 151
　　　（全球）大学体系 / 156
　　　跨越国界与全球化 / 159

后　记 / 164
　　　重塑社会契约 / 168
　　　雇主的作用 / 170
　　　人类的角色 / 172

参考文献 / 176

第一章
对人工智能未来的担忧

> 结果只是时间问题，但那一刻终将会到来。机器将在世界上拥有真正的霸权，而它的臣民是谁，对此——具有真正的哲学头脑的人不会产生一刻的质疑。
>
> ——塞缪尔·巴特勒（Samuel Butler），《机器中的达尔文》（*Darwin among the Machines*）（1863）

2023 年夏天，耶鲁管理学院举办了第 134 届 CEO 峰会，召集了数百名商界、科技界、政府和学术界的有影响力的领导人，讨论人工智能带来的机遇和威胁。在诸如"智能、创新和行业：非破坏性的颠覆"等专题讨论会和演讲环节，与会者听到了可口可乐董事长兼首席执行官詹姆斯·昆西（James Quincey）的发言，他讨论了人工智能在营销中的应用。美国总统经济顾问委员会前主席杰森·弗曼（Jason Furman）表达了对监管可能会抑制竞争力的担心。在接受"传奇领导力"奖时，史蒂文·斯皮尔伯格（Steven Spielberg）模仿《教父》中的维托·柯里昂（Vito Corleone）的说辞，表示他支持人工智能——只要它不干扰他的生意。[1]

此次活动还进行了几次民意调查。在其中一项调查中，45%的受访 CEO 表示，ChatGPT 等生成式人工智能将"比互联网的诞生、汽车和飞机的发明、制冷技术等以往的开创性技术进步更具变革性"。更令人震惊的是，另一项民意调查发现，约有相同人数的 CEO（42%）认为人工智能可能在未来十年内摧毁人类。

正如他们所说，人工智能真的会打败你，那绝不是一种妄想。但是，虽然机器人还没有表现出任何灭绝我们这个物种的倾向（除了无数科幻电影中的情节），但它们一直在取代我们自旧石器时代发展起来的人力劳动。工作场所被遗弃的历史几乎与工作的历史一样悠久。随着科技不断提高我们的劳动能力，劳动的性质不可避免地发生了变化。我们面临的新问题是，受到人工智能迅速崛起的影响，21 世纪的工作演变是否与 20 世纪、19 世纪，甚至 10 世纪的工作演变存在着本质上的差异。

元素和工作

在物理学中，当对物体施加力，使其沿特定方向移动时，就会做功。这需要消耗能量。在生物学中，所有生物都会消耗能量，以获取食物并维持生存。

纵观历史，人类一生中的大部分时间都在消耗能量来获取食物。但与许多其他生物不同，我们发明了放大能量的方法，利用比我们的牙齿和肌肉所能提供的力量大得多的力量。也许早在一百万年前，我们的祖先就开始用火了。[2] 即使按照今天的标准，控制火也是所有工作创新中最伟大的创新之一。通过烹饪食物，我们的祖先能够在消化过程中消耗更少的能量，让我们能够进食小麦和大米，消灭伤害我们身体的细菌，减少我们咀嚼和加工的力气。这让我们能够将更多的能量投入到我们巨大大脑的进化上。[3]

在那以后，人类驯养牲畜并种植作物，这极大地增加了可供我们消耗的能量，并将役畜用于工作。我们还通过发明风帆和风车来利用空气。但是直到我们发明蒸汽机，才发现了真正可靠的力量。

工业革命始于人们认识到热量可以引起运动，从而做功。通过煮沸水，蒸汽可以推动活塞，而活塞又可以移动18世纪工程师可能附着在其上的任何东西。从矿井中的水泵开始，机器开始完成以前需要强壮的四肢和紧张的背部才能完成的工作。几十年内，这一工业化进程几乎改变了人类社会的方方面面。工厂和磨坊轰轰烈烈地运转起来，火车轰隆隆地穿越乡间，用砖块和钢铁建造并用煤气灯照明的城市如雨后春笋般迅速发展起来，人口数量由于播种机和犁的使用得以迅速扩张。自农业时代以来，人类还没有经历过这种不容置疑的变化。

然而，直到19世纪末，技术革命才发挥出全部威力。这要归功于迈克尔·法拉第等科学发现者，以及托马斯·爱迪生和约瑟夫·斯旺等发明家对电的认知和利用。1881年，斯旺用他的白炽灯照亮了伦敦的萨沃伊剧院，短短几年内，电就将人类从夜晚的黑暗中解放出来。随着高压交流电的发展，工程师们能够为流水线和大规模生产提供动力，这再次增强了我们的体力劳动能力并彻底改变了我们的生活方式。

在此之前，火、蒸汽和电是增强人类做功能力的三种基本力量。但随后，在20世纪中叶，一股新的力量出现了，这种力量同样具有变革性。信息——以二进制代码中的 1 和 0 来表示——开始成为同样巨大的变革力量。事实上，由于数字力量增强了我们的脑力劳动能力，它可能比自人类首次学会生火以来的任何力量都更具变革性。

当然，就像在物理学中一样，当一个物体做功，施加力将另一个物体朝一个特定的方向移动时，后一个物体会同时对第一个物体施加一个大小相等、方向相反的力。换句话说，对每一个动作，都有一个等效的相反动作。当技术的力量作用于人类社会时，情况也是如此。

罗宾汉归来

1812 年 2 月 27 日，年轻的乔治·戈登·拜伦，即第六代拜伦男爵，在英国上议院发表了他的第一次演讲。虽然几天后，拜伦勋爵将出版《恰尔德·哈罗德游记》（*Childe Harold's Pilgrimage*）的前两章，并一举成名，但当他登上议会的讲台时，他还是一个相对不知名的、写作讽刺和多情诗的三流作家，还不是那个震惊上流社会客厅的"疯狂、邪恶和危险"的人物。即便如此，他作为政治家的第一次演讲还是关于一件丑闻的。

诺丁汉市不仅是罗宾汉的传奇故乡，而且长期以来一直是袜子制造中心。然而，到了1810年，技术创新颠覆了袜子行业，因为该镇的工厂老板采用了蒸汽动力机械，取代了熟练工匠的劳动。虽然这些工匠拥有高超的技能，但工厂老板试图降低劳动力成本，大规模增加生产纺织品的产量。由于机器制造的产品质量低劣，并且新工厂的工作条件恶劣，工匠们对此感到愤怒，于是在一个虚构的人物奈德·卢德（Ned Ludd）的旗帜下成立了秘密社团——奈德·卢德是一个工业时代的罗宾汉形象。1811年11月，自称"卢德分子"的人们闯入袜子工厂，砸毁了厂主的新机器。很快，运动蔓延到周边社区，迫使政府出动了军队。一度，与卢德分子作战的英国士兵比部署在伊比利亚半岛与法国军队战斗的士兵还要多。[4]

拜伦勋爵在诺丁汉郡拥有土地，目睹了这些暴力和混乱的局面。因此，当上议院讨论是否要将破坏机器定为死罪时，他激情澎湃地为卢德分子辩护，认为："他们的生活来源被切断，所有其他的工作岗位又都被占满；他们的过激行为，无论受到怎样的哀叹和谴责，都不会让人感到意外。"[5]换句话说,如果机器降低了工人的生活质量,他们不应因为想要砸毁机器而受到指责。

尽管拜伦口才很好,但法案还是通过了。几天后,3月2日,《伦敦晨报》发表了一首题为"'编织机法案'编制者颂"的匿名诗,不难看出这首诗的作者就是拜伦。他在诗句中更尖刻地指出:

生灵造就轻于机,
人命微贱不如织。
舍伍德里绞架耸,
商业自由皆繁荣。[6]

200年来,"卢德分子"一直是用技术替代工人劳动的抵抗者的代称——就在这200年里,有大量替代现象值得我们关注。拖拉机的发明使体力劳动者离开土地进入工厂。工厂自动化流程的发展让员工离开装配线进入企业的办公园区。凯恩斯认为,机器将会导致"技术性失业"。[7]

到了20世纪中叶,对机器取代人类的恐惧不仅仅发生在工厂工人身上。即使在20世纪四五十年代的战后,经济上也出现了从体力劳动向文职和专业工作的大规模转变。1956年，在东北大学的毕业典礼上，一位年轻美国参议员约翰·F. 肯尼迪（John F. Kennedy）告诉毕业生们："我们正站在自动化的门槛上，自动化将改变我们这样的工业化国家，而其他国家甚至还未听说过它。我们已经看到了新产业、新产品、新工艺。"[8]肯尼迪发表演讲几年后，继任总统林登·B. 约翰逊（Lyndon B. Johnson）收到了一群著名学者的公开信，就技术可能会破坏所有人类劳动价值发出警告。[9]

当农场工人离开犁田，转而从事城市工作时，他们需要新的技能，以便让自己在工业环境中高效地工作。几代人之后，当他们放弃车床和焊铁，转而使用打字机和录音笔时，他们的后代需要再次提高技能。事实上，面对技术和社会变革，人们的应对方式一直都是提高自己的教育水平。

进步的引擎

在最好的情况下，教育——尤其是高等教育——不应该远远地观望社会的状况。它不应该置身于社会之外，而应该像一根线穿过织物一样贯穿其中，使其图案生动鲜活。自从欧洲出现大学以来，高等教育的主要目的就是帮助学生适应当今的经济环境和职业角色。在尼古拉·哥白尼和艾萨克·牛顿之前，大学重点培养牧师、律师和教师。中世纪意大利、英国和西班牙的经济环境需要有文化的人来处理宗教和国家事务，记录协议，管理财产和机构。这就是博洛尼亚、牛津和萨拉曼卡学院所培养的人才从事的工作。

在19世纪50年代，美国的大部分地区是农村，产业以农业为主，很多人未受过教育。人们对高等教育的需求很少，只有少数几所殖民地学院教授由19世纪神学家、知识分子、红衣主教约翰·亨利·纽曼（John Henry Newman）所倡导的"博雅知识"，其目的是让学生能够"胜任任何职位，熟练掌握任何科目"。此外，纽曼认为，最有价值的教育是培养一个"能够交谈……能够倾听……能够中肯提问……但永远不会妨碍……的人。（并且）他拥有一种笃定的机智，使他能够举重若轻，严肃高效"。[10] 换句话说，在那个时代，大学的主要目标是把学生培养成为绅士，他们将在技术要求不高但文化丰富的经济和社会环境中如鱼得水。

对人工智能未来的担忧

然而，正如纽曼所写的那样，这个世界正在发生变化。正如工业革命以机器和公司的形象重塑社会一样，它也重塑了高等教育。詹姆斯·瓦特发明蒸汽机不到一百年后，美国国会在 1862 年通过了《莫里尔法案》，把公共土地授予大学，以资助其培养新一代技术大师，目标是"在不排除其他科学和古典研究以及军事战术的情况下，教授与农业和机械工艺相关的学科"，即当时的新技术。为实现了这一教育目标，人们以拿破仑战争后出现的那些顶级德国研究型大学为蓝本，在美国建立了新型高校。[11]

获得土地赠与的新型大学和研究型大学不再单纯讲授传统的文科课程，也专注于非古典语言、新兴的社会科学领域以及科学和技术发现。基于科学原理，具有独创性的新的分支学科在实验室和演讲厅中涌现出来。经济学、生物学和工程学等学科围绕着不断发展的师资队伍融合在一起。高等教育不再教授可以追溯到古希腊和古罗马的知识，而是开始将其精力投入到积极创造新知识上。大学不再仅仅培养个人，而是承担起促进经济发展和社会进步的任务。[12]

进步需要个人的参与，因此个人需要适当的教育。早在 19 世纪 30 年代，美国的教育家们就向普鲁士学习，寻求如何为全国儿童建立正规的教育体系。霍勒斯·曼恩（Horace Mann）等改革者提倡建立一种免费、普遍、无宗派的教育形式，教导儿童如何成为现代共和制国家里的好公民和参与者。

19 世纪 40 年代，曼恩将这种"普鲁士模式"引入马萨诸塞州，为延续至今的大部分 K-12 教育体系奠定了基础。尽管现在很多人批评公共教育是一种"工厂模式"，旨在对大量学生进行批量处理，使其适应进入工业经济的角色——削足适履——但它成功地教育了一代又一代的美国年轻人，使其满足时代的要求，直到 20 世纪 40 年代。这意味着有规模庞大的人群向城市中心迁移，并能快速从事机械化的工作。

1944 年 6 月 22 日，当美军仍在奥马哈海滩后面的树篱中奋战时，美国高等教育经历了又一个关键性转变。国会预见到数百万退伍军人将重返社会，需要将他们融入经济环境，因此通过了《军人重新适应法案》（俗称《退伍军人权利法案》），该法案的重点之一是为他们上大学提供学费和生活费。

自19世纪60年代的土地赠与运动以来，高等教育的入学机会从未如此显著地增加。返乡的退伍军人蜂拥而至，很快就占到了全国大学生总人数的50%以上。到1956年，《退伍军人权利法案》已经帮助超过220万的美国人上了大学。[13]为了容纳如此庞大的新生数量，高等教育需要大幅扩张。而扩张的实现得益于一项巨额投资，不仅扩大了各州的公共高等教育系统，还创建了一种新型学校：社区大学。

接纳这些退伍新生也意味着改变各个高校的教学内容。1947年4月，《生活》杂志刊登的一个封面故事写道："退伍军人虽然贫穷但是勤奋。他们的经历足以让地理等科目变得难教。他们想要一种快速、商业化的教育模式，并尽最大努力实现这一目标。"[14]换句话说，大学的新"客户"正在评估他们周围的经济和社会环境，并要求高等教育机构提供与以前不同的教学内容。

第二次世界大战不仅改变了大学课堂的人口结构和

文化，还改变了实验室和研究机构的运作方式。1940年，当德国入侵法国时，时任卡内基研究所所长的万尼瓦尔·布什（Vannevar Bush）向富兰克林·罗斯福总统提交了一页简短的提案，主张成立国防研究委员会。该提案旨在协调军方官员和学者之间的研究合作，让大学全身心地投入到科学和技术探索中，有效地增加大学在战争中的分量。它还为大量联邦资金进入大学打开了闸门。美国联邦政府在麻省理工学院、加州大学伯克利分校和芝加哥大学等大学出资建立了战时实验室。[15]

军方与学术界的合作在最著名的曼哈顿计划中达到了顶峰，但第二次世界大战的胜利并不意味着由政府资助的研究宣告结束。在整个冷战期间及冷战之后，政府资金继续流向大学，推动科学和技术知识的创造。在20世纪60年代，联邦资金占大学研发预算的73%。到2021年，这一比例下降到54%左右，但每年经费仍高达约500亿美元。[16] 如果有人说这种政府与学术的联姻卓有成效，显然是一种轻描淡写的说法：它为世界带来了诸多改变，从数字计算机到喷气式客机，再到可以通过商业渠道购买的脊髓灰质炎疫苗等。大学作为人类创造力的中心比以往任何时候都当之无愧。

尤其是战后，高等教育发挥了推动社会进步的作用。通过创造知识，大学本身已成为技术进步的主要引擎。20世纪初，全球16亿人口中有86％的人生活在农村，从生到死仅靠烛火照明。[17] 20世纪末，全球60亿人口中约有一半生活在电力充沛的城市中。[18]人类利用大学科学家们积累的知识登上月球、分裂原子、夷平整座城市。他们利用在大学研究实验室里发明的技术治疗疾病、延长寿命。大学的计算机通过政府资助开发的网络进行通信。

不仅如此，高等教育一直是个人进步的推动力。随着技术和经济的不断进步，大学为人们提供提高生活水平所需要的技能。这种情况发生在《退伍军人权利法案》实施后，它让高等教育惠及数百万美国人。随着全球化和自动化的深入，人们的工作重心从工厂转移到服务业，高等教育让许多人做好了进入知识经济的准备。

高等教育的广泛普及和中产阶级人数的迅猛增长恰好都发生在20世纪下半叶，这并非巧合。随着公司变得越来越复杂，人们需要接受更多的培训以担任会计师、律师和经理的角色。大学学位与员工的公司职位晋升之间存在明显的关系。事实上，两者之间的关系仍然不可改变。自20世纪60年代以来，拥有大学学位的从业者的工资溢价一直在稳步上升——到2023年，他们每周收入的中位数比只有高中文凭的人高出约83%。[19]

这些好处也不仅仅是经济上的。如果你属于三分之一的美国人，有幸拥有四年制学位，那么你将比没有学位的同胞更健康，更受社会尊重，寿命也长出八年半。[20]在这方面——尤其是在美国，因为这种寿命差距在其他富裕国家并不常见——提高大学入学率将直接减少这些令人恼火的不平等现象。

引擎中的扳手

数千年来，人类一直在土地上耕种。两百年前，机器取代了相当一部分农场工人，因为机器在从事艰苦的农业工作方面更胜任、更高效。一些农民在工业经济中过上了更好的生活，他们从事一些常规重复的工作，这需要一些教育背景（但不是很多）。反过来，他们的后代最终会把这些工厂工作交给那些完成日常任务效率更高的机器，工厂工人要进一步接受教育培训，以便在公司办公室里获得更好的职位。最后，在20世纪后期，计算机开始以人类无法比拟的效率执行常规认知任务,"入侵"会计办公室、呼叫中心和秘书部门。

当人们找到了那些机器无法完成的工作时,自动化和非自动化循环交替,通常能够提高生活水平和收入。但随着机器进步速度的加快,循环周期也在缩短。今天,我们有机器可以编辑我们所知道的生命基因组,也可以探索宇宙中我们不知道的生命。机器制造我们的汽车,甚至能驾驶它们。现在,随着生成式人工智能进入职场,它准备取代那些根据信息做出决策的专业人士;换句话说,它准备取代有思想的人。

这让许多有思想的人感到焦虑。律师兼技术主管斯科特·塞梅尔(Scott Semel)认为,在扫描和总结大量租约或许可协议方面,机器比法律助理要好用得多。"人工智能只是一遍又一遍地做同样的事情,"塞梅尔说,"人会厌倦。两个人可能会阅读同一份合同。有人可能会完成一半就回家,在外面待到很晚,然后带着一身酒气回来。这里面有很多变数。而这种总结、提炼大量数据的工作,机器可以做得很好。"[21]

在2010年前后,经济学家和评论员出版了大量书籍，预测当时新兴的人工智能将对经济产生的影响。预测工作的终结、新机器时代的到来以及人类劳动力价值的贬值，这些高谈阔论和分析中有相当一部分带有古希腊神话先知卡珊德拉的色彩。生成式人工智能正在测试这些预测的准确性。但并非所有人都认为人工智能对人类劳动力构成了威胁。机器人制造商 iRobot 的首席执行官兼联合创始人科林·安格尔（Colin Angle）指出："当计算机出现时，它本应彻底改变人们做事的方式。但事实并非如此。它确实帮助人们提高了效率，但它并没有减少工作岗位，而是创造了更多的机会。"[22]

安格尔的公司生产 Roomba 机器人真空吸尘器，它本质上是一种省时设备，是洗碗机的直系后代产品。他认为当今的新技术在本质上是相似的。安格尔说："我们不应该犯这样的错误：认为世界是一个封闭的零和系统，这些技术不会创造新的机会。我认为历史已经证明，这是对世界运行方式的一种非常不准确的看法。"

从历史上看，他是对的。劳动力市场是一张大饼，其中大部分被机器人吞噬，剩下的残羹剩饭将被越来越饥饿的人类瓜分，这种想法是马尔萨斯式的悲观主义。事实上，马尔萨斯关于富足导致人口过剩和崩溃的观点，在过去几个世纪里一直被证明是极其错误的。自从工业革命首次将机器置于人类的角色中以来,我们凭借自己的才能一直在寻找新的行业和新的领域。我们不是要竞争同样的工作,而是要发明新的工作。

不可否认,并不是每个人都能从这些新工作中受益。当美国汽车制造公司在20世纪80年代开始利用自动化批量处理许多生产任务时,他们停止雇用教育水平较低的工人,开始招募有资质的申请人,教育背景不理想的人较少获得工作机会。[23]几代蓝领工人失去了经济上的立足点,从稳定的工作岗位被下放到食品加工厂或建筑工地,他们的收入也由稳定的工资变成了不稳定的周薪。许多行业的收入下滑仍在继续。20世纪70年代,52%的美国从业人员的工作收入达到"中产阶级"水平。到2018年,这一数字为33%。[24]

当前的人工智能革命与前几轮自动化不同,因为它也在向更高的经济阶层发起冲击。生成式人工智能在许多认知任务上的表现优于人类,而这些任务直到最近还被认为超出了机器的工作范围。而且由于软件复制成本低廉,任何数字进步都可以立即在世界各地复制。正如科技作家马丁·福特(Martin Ford)所说:"想象一下,如果一家大公司能够培训一名员工，然后将他克隆成一支工人大军，这些工人不仅立即拥有他的知识和经验，而且能以此为起点，继续学习和适应新情况，这将会产生怎样的影响。"[25]如果这就是我们即将面临的未来——有很多理由相信这就是事实——那么我们可能生活在一个大量有偿人力劳动即将消失的时代。

关于生成式人工智能，最紧迫的问题或许是，它会是人类技能的补充，还是会取而代之？麻省理工学院经济学家戴维·奥托尔（David Autor）认为："人工智能的好处在于它补充专业知识，使人们的技能更有价值，让人们能够用它做更多事情。它的坏处在于它夺走了我们曾投资过的、作为我们生计基础的技能，并使这些技能变得如此丰富，以至于我们拥有的这些技能不再有任何价值。"[26]奥托尔举了一个例子，一位伦敦出租车司机花了数年时间获取"知识"，详尽地记住了这座城市的所有街道。如果将地图信息植入人们的手机里，那么，这对伦敦出租车司机来说就是一个坏消息。如果人工智能通过提供电子记录、诊断信息和对有害药物相互作用的警告信息来补充护士的技能，后者将能够执行更多高级任务，而无须在医学院多待几年。

无论人工智能的才能如何，未来世界的发展似乎仍需要人类的基本专业知识。奥托尔打了个比方，一个新手电工知道如何剥线或组装电路，他可以从 YouTube 上关于如何更换断路器盒的教程中受益。一个完全没有受过训练的外行看了同样的视频，可能马上就会烧毁房子。[27]对于大学来说，这表明对基础素养教育的需求将永远存在——包括如何最有效地利用技术。对于学习者来说，这是一个令人信服的理由，去寻找在职业生涯中利用人工智能的新方法——因此，如今越来越多的人观察到，人工智能可能不会取代你的工作，但懂得如何使用人工智能的人会。

一个可能使这种情况进一步复杂化的因素是生成式人工智能系统倾向于经历"漂移"，即试图提高自身在某一领域的表现会降低它在其他领域的表现。例如，在2023年春季，ChatGPT 在完成某些数学任务时的准确性和响应性降低。[28]鉴于计算模型的复杂性，我们很难确定其低效的确切原因。但它们的进展远非线性的，在可预见的未来，人类的工作仍将是对其进行不断测试、修改、纠正的循环往复。

关于人工智能的预测（是人类的补充、人类的替代者,还是被过度炒作了)与对全球经济未来的预测一样异彩纷呈。人工智能也不是劳动力市场唯一的不确定因素。新冠疫情生动地表明,经济确定性几乎可以在一夜之间消失。仅美国在2019年至2022年期间就经历了860万次"职业转变",工作性质也发生了变化,许多工作都变成了远程式或混合型。[29]虽然在撰写本书时,高收入国家的劳动力市场依然强劲,但恶性通货膨胀、利率上升和货币紧缩政策都让未来的经济形势变得扑朔迷离。许多发展中国家的劳动力市场复苏速度较慢,其中受影响最大的是女性、年轻工人和受教育程度较低的人。[30]根据世界经济论坛的一份报告,四分之三的全球雇主预计,生活成本上升和经济增长放缓将推动他们的公司在2027年前"转型"。[31]同一份报告预测,23%的全球劳动力将出现为期五年的结构性流失——即工作岗位流动,新岗位被创造,旧岗位被销毁。

对于员工来说,不确定性是显而易见的。如果预言家诺查丹玛斯(Nostradamus)获得了劳动经济学的研究生学位,他很可能就不用去猜测明天的就业市场状况了。我们可以自信地说,前几代人会通过接受教育来缓解由技术进步带来的经济压力。如果历史仍然是一种指导,那么现在可能就是一个重返高等教育的好时机。

教育解决方案

长期以来,不被自动化取代的最可靠的解决方案一直是教育。一个失业的织布工可以学习操作机器,一个工作被取代的机械师可以学习工程或管理,这条上升路径始终是通畅的,因为即使依赖较低技能的工作岗位会消失,经济形势变得更加复杂,但是为经济发展提供动力的工作岗位也会变得多样。技能越高,薪资也越高。这种动态变化在人工智能时代仍然适用。不同之处在于,随着技术的爆炸式增长,向上流动所需的技能越来越先进,大学就有责任满足这种日益增长的学习需求。

上一代人可以花四年时间来获得学士学位,并充满信心地期待着步入中产阶级稳定地度过一生。现在已经不是这样了。

尽管大学教育的专业人士相比高中毕业生仍然拥有巨大的终身工资优势,但2022年仅拥有学士学位的美国人的平均工资经通胀调整后下降了近8%。[32] 鉴于劳动力市场预计的人事变更率极高,许多大学毕业生很快就会发现自己不得不努力适应新角色，或寻找那些与其所受专业教育方向不符的工作。

当今市场上最有价值的员工要属那些拥有高级学位的人——尤其是那些能够在生物信息学或网络安全等高科技领域里运用人工智能的人。意识到这一点后，人们纷纷报名参加课程学习。2010年至2021年间，美国本科以上院校的入学人数增加了9%。到2031年，预计入学人数将再增加6%，从320万增加到350万。[33]

但事实是，人工智能在其所从事的技术岗位上的作用越来越大。因此，许多人认识到，如果他们试图领先于那些不断吞噬工作任务的人工智能系统，教育需要转变为一种终身追求，使他们能够不断提高技能且重新接受培训。报告显示，到2030年，"在美国经济中，目前有高达30%的工作时间是可以通过自动化来完成的"。[34]不过，就目前而言，终身学习仍然是获得有弹性、有报酬的长期职业生涯的最可靠的解决方案。然而，教育的形式和内容可能与过去不同。事实上，正如我们稍后将探讨的那样，真正有用的终身教育所采取的形式可能与之前的任何教育形式都不同。

换一种思考方式

就像我们的祖先无法与蒸汽机比赛沿铁轨拉煤一样，我们也无法与人工智能在纯粹的智力和计算能力上竞争。早在 1996 年，加里·卡斯帕罗夫（Garry Kasparov）已经不敌 IBM 国际象棋超级计算机深蓝，从那时起，人工智能历时数十年在处理能力方面不断增长，并在训练大语言模型方面取得了突破。因此，当今时代最有用的教育，不是教人们如何计算国际象棋的走法或如何拉煤，而是教会人们去做机器做不到的事。这意味着要教育人们学会以人工神经网络无法模仿的方式思考。

到目前为止，想要保持技术领先就是要不断提高受教育水平。阅读手册的能力曾经让你有资格操作机械织布机，高中文凭是你在工厂里工作一辈子所需要的全部教育，大学学位一度以让你坐上经理之位，而工商管理硕士或法学学位则为你打开了进入董事会或总裁办公室的大门。看看今天领英上那些成功的技术工作者的个人资料，你会发现他们拥有信息技术或项目管理硕士学位。但鉴于人工智能也在不断学习和改进，我们要跟上它的步伐，需要的不仅仅是增加受教育的时长。

我们也不会只需要目前雇主所青睐的那些教育内容。一直以来，高等教育的主要目的之一是传授知识性内容，但人工智能正在使仅仅掌握单一知识变得不再实用。信息是瞬间产生的、无处不在的、不受控制的。可以说，大语言模型在其整个"生命"周期一直利用数据进行学习，所以我们需要一种教育，让人们能在全生命周期内学习。

我们还必须问一问，我们要教人类做什么？人类作为一个物种，我们特别擅长做什么？与其他动物相比，我们拥有巨大的大脑，使我们能够熟练地使用杠杆、滑轮、电脑键盘等各种物品。但与过去不同，我们不再将自己与其他动物进行比较。机器人和先进设备将很快超越我们最明显的进化优势，使我们在认知、精确度和力量方面相形见绌。然而，与此同时，人类也进化成社交度极高的动物。为了生存，我们的后代需要建立与家庭和部落的社会纽带，以及所学知识的烙印——换句话说，就是教育的影响。这种思维灵活性——捕捉羚羊、骑自行车、解读会议室紧张气氛的能力——也许是我们这个物种最伟大的生存策略。在幼年时期，我们几乎可以学习任何东西,并适应任何文化环境。

我们善于交际的另一个结果是历史学家尤瓦尔·诺亚·哈拉里(Yuval Noah Harari)[借鉴刘易斯·卡罗尔(Lewis Carroll)的说法]所说的"在早餐前相信六件不可能的事情的能力"。[35]我们可以发明、交流和接受社会虚构和抽象概念(例如金钱),这些虚构和抽象概念将我们团结在一起,使我们能够大规模地协同合作,在社交能力上远远超过其他动物。这些虚构可以是神话、宗教或意识形态等理念;也可以是人权、市场经济或国家认同等理念。这些虚构故事的独特之处在于,它使我们能够在更大的范围内进行合作——从抽象的角度来说——比我们的遗传群体或物理社区的规模更大。[36]

换句话说,我们进化出了想象力。我们进化出了创造力和生产力。其他动物运用智慧来解决问题:乌鸦用工具从木头中捉虫,海獭用石头来敲开蛤蜊壳。但到目前为止,只有人类才能创作虚构的故事,设计艺术作品,通过仔细推理来构建理论以解释感知到的现实。只有人类会看着月亮想象出一位女神,或者踏上月球并宣称我们为全人类迈出了一大步。创造力与思维灵活性相结合,使我们变得独一无二——成为地球上最成功的物种。[37]

在生成式人工智能的世界里，创造力是否会继续让我们——尤其是作为个体经济参与者——脱颖而出？许多分析师预测，在未来几十年，这些技术将辅助创意、STEM 和商业专业人士的工作，而不是直接取代他们的工作。[38] 无论在哪个领域，我们都必须与人工智能助手一起创造性地完成工作。这就是为什么我们的教育应该教会我们如何把它做好。

正如它在整个历史中所发挥的作用一样，高等教育的重要作用在于让人们做好准备，在社会中积极、投入地生活。与以往一样，它必须反映社会的需求。社会将越来越需要毕业生拥有创造力，能够利用人工智能的力量来推动人类的企业发展。大学已经拥有一个极其完善的教学体系来教授这种思维方式。正如我们所看到的，几十年来，高校一直是创造力的中心。几代人以来，他们通过研究来创造知识并将其转化为真正的解决方案，推动了社会和经济的进步。这是高等教育机构非常擅长的。因此，他们的理想定位是，将其研究使命中的创造性原则转移到教育使命中，利用这些原则培养学生创造新知识的心智能力。

为了掌握人工智能带来的经济和社会挑战，高等教育必须继续跟上时代变化的步伐。我们不能还像21世纪最初十几年那样教育学生。但如果我们的目标是培养下一代人，将他们固有的人类优势运用到人工智能经济中，那么大学就必须更新自己的技能池。为了培养学生和现有员工适应未来的工作，大学必须调整以适应新形势。

这种适应的本质在很大程度上取决于未来工作的本质。正如下一章所示，要找出答案，我们必须去研究工作场所发生了哪些变化。

第二章
工作智慧

和人类一样，麻雀也是群居动物。它们共同栖息，群体鸣叫，一起觅食，经常聚集在餐馆附近。但是在个性上，它们也表现出明显的个体差异。例如，科学家在一项关于麻雀行为的研究中发现，将不熟悉的物体放在食盘上会让麻雀做出不同的反应。[1]当看到绿色塑料复活节彩蛋或盘子附近闪烁的灯光时，一半的麻雀会躲开，另一半的麻雀变得更勇敢，毫不犹豫地扑向食物。

科学家在检查这些麻雀的大脑时发现，无畏的麻雀拥有更多的多巴胺受体 2 基因转录本，而胆小的麻雀拥有更多的雌激素受体 β 基因转录本。事实证明，新事物恐惧症——对新事物、变化和未知事物的恐惧——至少在某种程度上与海马体的特殊性有关。

人类的大脑与麻雀的大脑非常相似,也可能对新事物产生恐惧。根据美国心理学会的数据,大多数美国成年人认为未来是暗淡的。在2022年的一项调查中,62%的人不同意"我们的孩子将继承一个比我们更好的世界"这一说法。[2] 皮尤研究中心还报告称,近年来人们的精神状态低迷,只有12%的美国人对未来表示"相当有信心",比2020年下降了6%。[3]

当然,大众焦虑并非完全与遗传基因有关。有线电视、脱口秀电台、数字和社交媒体可能会引发许多心理问题,包括对新事物的恐惧和对未来的悲观情绪。同时,对丧失经济地位的恐惧非常合理,且有确凿的事实依据。

在世界上的许多地方,经济不平等是当代生活的一个重要特征。在过去几代人中,中产阶级家庭在美国占绝大多数,但现在中产阶级家庭的数量已低于低收入和高收入家庭的数量总和。这使得沙漏形的经济结构越来越明显,中等收入的成年人比例从1971年的61%下降到50%。[4] 虽然顶层的财富有所增长,但更多的人却滑落到了社会底层,生活在低收入家庭的成年人比例从25%上升到29%。贫富的两极分化将经济和社会矛盾推向临界点。

众所周知，造成这种经济和社会不平等现象的因素是多方面的，诸如，全球化、自动化、美国工会的衰落、大萧条和新冠疫情，等等。在美国，这些力量造成的不平等体现在对弱势群体产生了过大的影响。例如，当新冠疫情推动自动化加速时，黑人和拉丁裔员工遭受的损失最大。[5]无论谁想要真正消除日益严重的不平等现象，都要同时解决我们的经济缺乏包容性的问题。

这不是一个小挑战。根据皮尤研究中心的数据，今天的中等收入家庭是指那些在调整规模后，收入达到美国收入中位数的三分之二至两倍的家庭。在2021年，这意味着一个三口之家每年的收入必须在52000美元到156000美元之间。[6]曾经为该收入水平提供众多工作岗位的许多制造业企业早已经步入了庞蒂亚克和奥兹莫比尔等被淘汰者的后尘。取而代之的是，我们看到了向服务业经济的大规模转变，通常表现为工资比过去更低、福利更少。

想想看，在美国劳工统计局列出的20个增长最快的职业中，只有一半工作的工资中位数符合"中等收入"的定义。[7]在这一半的职业中，有相当一部分是技术方向的，例如数据科学家、信息安全分析师、网页开发人员和统计学家等。但大部分正在扩张的职业中，包括蓬勃发展的餐厅厨师和太阳能光伏安装工等，所赚的钱都不足以将其成员纳入中等收入阶层。

大学过去常被视为进入中产阶级的通行证，因为学位是中等收入工作与低等收入工作之间的差异所在。自从全球经济诞生以来，这一趋势一直保持稳定。然而，最近的发展，包括疫情后劳动力市场的过热表明一种转变正在发生。大型雇主（例如达美航空和通用汽车，以及科技巨头苹果和谷歌等）已宣布，他们将取消许多职位对学士学位的要求。[8]马里兰州、宾夕法尼亚州和犹他州对州政府的大多数工作不再坚持要求学位，而联邦政府的招聘似乎正逐渐转向重视技能而非学历。即便如此，很少有人质疑未来的工作至少需要一定程度的高等教育——根据一份华盛顿州的报告，2024年至2029年期间70%的空缺职位需要求职者有高中以上的受教育经历。[9]

此外，大学文凭的薪资溢价依然存在。一个学位可以在毕业一年内带来25%的即时收益，即使在那些对学位没有要求的职位上，它也能提供15%的额外收入。[10]或许更有价值的是，一个学位提高了职业流动性，使得从就业不足的状态中恢复变得更容易，或者能在未来找到更好的工作。

简而言之，要想在中产阶级中立足——更不用说要实现经济上的破层——教育仍然是最可靠的垫脚石之一。然而，随着生成式人工智能进入职场，教育与劳动力市场价值之间的相关性将发生变化。知识经济已经受到了来自那些能够从事知识性工作的人工智能的影响，甚至白领工作也并不安全。2023 年 5 月，职业介绍和商业及高管培训公司 Challenger, Gray & Christmas 发布了关于美国裁员情况的定期报告。它首次将人工智能导致的全国性岗位消失纳入统计数据，迄今为止已消失了 3900 个工作岗位。[11]

由于人工智能正在改变工作的性质，一个迫切的问题是，人们需要什么样的技能才能获得高薪工作？鉴于高等教育的一个重要使命是创造劳动力，雇主将来会付钱让员工做什么呢？早期证据表明，员工将需要在生成式人工智能出现前掌握更高的技能水平。根据美国—欧盟贸易和技术委员会引用的一项研究，采用人工智能的公司中有 41% 提高了对员工技能的需求。而几乎没有一家报告说其降低了对员工技能的要求。[12]

总体而言，人们一致认为，人工智能一旦进入职场，员工们就要提高技能或重新学习技能。2023年，一项针对46个国家和地区的54000名员工的调查显示，近六成调查对象认为，他们的工作所需的技能将在未来五年内发生重大变化。[13]但对于所需技能的具体内容，人们的看法有所不同。大多数接受过专业培训的员工（受教育程度最高、对自身价值评价最高的人）认为，所谓的软技能，如适应能力、批判性思维、协作能力和领导能力，对他们未来的职业道路很重要。[14]只有半数没有接受过专业培训的员工同意这一观点。可见针对这个问题，人们尚无定论。

显然，不同的工作需要不同的技能，专业化将人们划分为不同的职业和收入阶层。Burning Glass Institute进行了一项研究，试图评估大学毕业生各专业特定技能的相对货币价值。[15]通过研究"领导力"和"预测未来"等普遍的基础技能，以及"公共会计"和"市场研究"等专业技能，试图找出不同大学专业中收入最高的技能，以及这些技能所带来的确切的工资溢价。例如，针对文科专业的招聘信息中有30％都在寻找擅长"战略规划"的候选人，但工资最高的却是那些能够进行"产品管理"

的人。最重要的是，该研究发现，无论学位类型如何，基础技能往往能带来最大的回报。例如，在工程专业中，"影响力""咨询"和"谈判"都比"熟悉 DevOps"（一种软件开发方法和 IT 运营方法）更有价值。

即便如此，人工智能在公司中的大规模应用正在推高技术技能的价值。这似乎和自然选择法则一样确定：如果人们精通计算机科学或工程管理，就会发现劳动力市场的大门向他们敞开着，热烈欢迎他们的加入——或者暂时如此。几年前，人们普遍认为，既然软件正在吞噬世界，我们就需要软件开发人员。但是，现在软件已经狼吞虎咽完毕，开始消化吞噬的食物。我们还需要做什么就显得前途未卜。现在人工智能正在学习自我编程，将来会发生什么？

牛津大学未来工作计划研究项目主任、人工智能取代人类问题研究的合作者，卡尔·贝内迪克特·弗雷（Carl Benedikt Frey）最近告诉英国广播公司："我认为，在工作中不使用人工智能的员工将发现他们的技能很快就会过时。因此，使用人工智能是保住工作、保证产出、掌握最新技能的必要条件。"[16] 那么，当我们拥有最新的聊天机器人时，我们如何发挥"咨询"或"谈判"的最大效用呢？

使用人工智能

银行业务现在主要依仗复杂的计算机模型，而不是会计报表。美国最大的零售银行之一富国银行的执行副总裁戴维·朱利安（David Julian）表示："我们拥有庞大的模型，这些模型对我们的业务管理产生了巨大的影响。我们有数百万笔贷款，系统必须能够计算利息。"[17]他补充说，在更复杂的层面上，计算机模型可以通过统计和分析人类思维无法理解的大量数据来预测十年后房地产市场的损失。

银行越来越多地将生成式人工智能融入其业务职能，从营销和销售，到客户运营，再到法律部门，每年创造的潜在价值高达3400亿美元，占行业总收入的近5%。[18]每笔业务都是IT部门业务的一部分。现在，银行员工不像是出纳，更像是工程师和数据科学家。他们的任务之一就是构建和测试复杂的计算机模型。"我们可以轻松地测试输入系统的数据，"朱利安说，"我们可以测试我们得到的数据。但很难测试那个黑盒子。而且我们太过依赖那个黑盒子。我不得不雇佣更多有技术能力的人，他们知道如何打开盒子,看看它是否在做它应该做的事。"

这些技术能力与硅谷员工简历上的技能类似。"既需要数学专业,也需要技术专业,"朱利安谈到他的新员工时说道,"你必须有能够建立模型的人,但更重要的是,数学专业的人能够找出相关性。这些数学天才是金融机构中的摇滚明星。"

事实上,根据世界经济论坛发布的《2023年就业未来报告》,超过70%的金融服务机构表示,未来四年,对其员工来说"技术能力"将变得越来越重要。[19]在全球各类组织结构中,"人工智能和机器学习专家"是在未来五年新增就业职位中占比最高的。

这些职位在法律服务行业也备受推崇,该行业正在积极采用生成式人工智能。在一项调查中,80%的法律专业人士同意,技术让他们从事研究和完成日常任务的效率"发生了翻天覆地的变化"。[20]律师兼技术主管斯科特·塞梅尔(Scott Semel)表示,多年前,美国律师事务所将法律行业的大部分繁重工作(调查研究、事实核查、交叉引用等)外包给了印度等拥有悠久专业法律培训传统的国家。现在这种外包任务已经由能够实现完全自动化的人工智能来完成。例如，塞梅尔经观察后发现，合同律师现在使用人工智能来验证并购中某个公司的收入情况的准确性。他说："你可以用人工智能来做警告标记，而如果没有一大群助理，你根本无法完成这些工作，"而且人工智能完成得更出色，"对此，那些从事低级别法律工作的员工们应该感到担心。"[21]

虽然律师已将大部分尽职调查工作交给软件和人工智能，但他们仍然需要语言能力、分析能力和对基本法律内容的深刻理解。福利霍格律师事务所合伙人乔·巴西莱（Joe Basile）表示："如果律师没与案件建立正确的链接，那么他们只能完成一部分工作。他们可能会提出一堆案例，但可能会忽略一些相关的东西。"如今的律师仍然必须了解法律原则、进行类比、分析相关性，并给出建议。换句话说，他们必须做出正确的判断。

而生成式人工智能无法替代这些。2023年，律师史蒂文·A. 施瓦茨（Steven A. Schwartz）引发了一起全球丑闻。他使用ChatGPT对其客户起诉航空公司的伤害案进行调查研究，而聊天机器人却捏造了好几个法律先例。威廉玛丽法学院法律与法庭技术中心研究副主任戴维·申（David Shin）称这一令人尴尬的事件是"第一起有记录的,律师使用生成式人工智能,可能造成职业不当行为的案例"。[22]

塞梅尔和巴西莱都认为,人工智能在法律领域的出现将使高级律师的建议更加受到重视。"人们会高度重视那些培养员工使之有能力做出经验判断,并给出高明建议的律所。"塞梅尔说。然而,这对初级律师以及他们获得的丰厚薪水意味着什么,仍是一个悬而未决的问题。

"律师事务所仍然可以拥有大量的助理,"塞梅尔说。"问题是,他们能赚多少钱?也许他们在律师事务所工作一年赚不到16万美元或更高的薪水。医学界也发生过类似的事情。"与所有经济问题一样,这是一个供需问题。日常法律服务变得更便宜,这是因为自动化提供的服务增加了。但是,能提供高级法律顾问服务的经验丰富的专业人士的时薪仍然很高。因此,在生成式人工智能能够给出高明的建议之前,高级法律服务仍然会有市场——能提供这种服务的人会找到一份收入丰厚的工作。

长期以来,营销人员利用大数据和人工智能的力量,来最大化页面浏览量,吸引更多人的眼球。广告和营销巨头扬·罗比凯广告公司的全球制作和合作执行副总裁格兰特·塞隆（Grant Theron）表示："媒体行业是由机器人运营的。它的运行是依靠计算机、算法和定位来实现的。"[23] 扬·罗比凯广告公司的全球人才管理执行副总裁威廉·曼弗雷迪（William Manfredi）也认为，如今的营销本质上已经转变为数据分析的过程："关键在于你如何解读数据来了解人们的行为。有什么见解？围绕它的'创意'是什么，渠道是什么？"[24]

这些渠道现在都是自动化生成的。随着生成式人工智能的改进，将创意转化为屏幕上的产品所需的劳动将减少，甚至可能减少到零。人们很清楚其影响。2023年5月，美国编剧协会举行罢工，要求签订一份合同，对在行业内使用人工智能进行明确规范，禁止用人工智能编写或改写"文学素材"或生成原始素材，也不能利用工会成员创作的作品对人工智能进行训练。[25]

两个月后，美国演员工会——美国电视和广播艺人联合会（SAG－AFTRA）也加入了罢工队伍，其主席法兰·德瑞雪（Fran Drescher）宣称："人工智能对创意职业构成了生存威胁，所有演员和表演者都应该签署相关合同条款，保护他们的身份和才华不会在未经同意和未付报酬的情况下被利用。"[26]

我们不太可能通过罢工阻止人工智能生产越来越多我们通过屏幕消费的营销内容和娱乐节目。问题是,我们如何充分利用这些工具来最大限度地发挥我们人类的潜力。

带着系统思维工作

当皮特·麦凯布(Pete McCabe)担任通用电气运输系统集团全球服务组织的副总裁时,他负责监管这家跨国公司一个分支机构的服务部门,该分支机构负责建造、部署和管理重型运输机械——大型火车发动机等。麦凯布的大部分职责是处理复杂的软件问题。例如,他的部门管理着 800 英里长的单轨铁路的交通流量,决定何时将火车调到一边以优化交付时间。麦凯布说:"我们有一些非常复杂的算法,可以将速度提高 10%,从而改善日程安排,提高交付的正点率。对于一条小铁路来说,每小时相差 1 英里就价值 2 亿美元。对于一条大型铁路来说,这个差额是 4 亿到 5 亿美元。"[27]

在过去的几十年里,像通用电气(GE)这样的工业公司逐渐将其业务战略从硬件转向软件。它们不再仅仅依赖大型火车头、喷气发动机或工业涡轮机的销售来获得收入，还通过监控、诊断和优化这些设备的性能来创造收益。麦凯布提到了一个医院CT扫描仪的例子。他说："在过去，你先有一条复杂的供应链，然后有可以排除故障的经验丰富的专业员工。当设备出现故障时，你会派人出去。他们分析问题、更换零件，让机器恢复运行。"

那是在诊断软件出现之前。如今，通用电气运营的地方"看起来像美国国家航空航天局控制中心"。它位于威斯康星州沃基肖县的一个房间里，技术人员会在那里不间断地监控机器，观察其"谐波特征"，并与之前的历史数据进行比较，以查看是否出现任何偏差。如果出现偏差，算法会根据其他变量进行检查，以确定偏差是否异常。然后，他们可以主动调整软件设置，试图在机器出故障前修复问题。"在最好的情况下，我们消除了所有非计划的停机时间。"麦凯布说。换句话说，通用电气的收入越来越多地不是来自销售产品或替换它们，而是来自监控大量数据以保持其产品的运行。

从硬件向软件的重心转变，降低了成本并提高了效率，也改变了员工所需要的技能。麦凯布说："过去，

99％的员工都接受过机械培训——电子、机械或暖通空调方面的职业学校式教育。这些人可以去现场诊断和修理这些部件。"相比之下,今天更多的员工是工程师、数据科学家和软件程序员。

尽管如此,麦凯布的软件专家所需的技能并非仅限于对 Python 的熟练掌握。特定领域的培训——即使是在专业性很强的数据科学等领域——是不够的。他说:"无论是在生产力、医疗保健还是其他任何地方,从根本上改变结果的问题都将是系统问题。它是函数内部所有离散问题的互连点。我们对它们进行了优化,而且总会出现更多的改进空间,但当你开始连接这些点的时候,就会产生指数级的价值。"

系统思维是任何复杂操作都需要的素质。以制造飞机发动机为例。据通用电气航空工程质量与合规部门的安德烈·考克斯(Andrea Cox)介绍,一台发动机包含5000~10000个独立部件,其中一个工程师要负责"5 到100个这种部件"。[28]过去,一个材料工程师只需了解零件的材料特性,一个制造工程师只需了解零件的制造方式,一个机械工程师只需了解零件的运作方式。只有设计工程师才需要了解单个部件在自己的设计中如何运行,它如何适用于模块设计，而模块如何适用于发动机，以及发动机如何适用于飞机。同样，工程副总裁必须了解所有型号的发动机如何能满足客户期望，如何适应公司战略以及如何推进下一轮销售。

当数字时代打开了通往广阔的新数据海洋的闸门时，人们就有可能收集越来越多的有关飞机发动机等的系统信息。利用飞机发动机收集到的自身数据，工程师可以根据具体情况更准确地预测特定部件的未来运行情况——例如，它是在炎热、多沙的气候下运行，还是在寒冷、潮湿的气候下运行。考克斯说："我们不会笼统地说发动机的寿命是 3000 小时，而是说，A 号载体大概还可以运行 4000 小时，而 B 号载体只剩 2500 小时了。"通过思考系统的生存环境，工程师可以做出预测，而不是被动反应。他们可以利用收集到的数据，提高系统在现实世界中的运行效果。

考克斯说："我们的期望是将这部分作为一个整体来看待——它将如何结束，在哪里结束，客户的感受如何。我如何利用这些数据，通过硬件让客户的世界变得更好？"这种系统思维被各类公司青睐。事实上，这是所有公司想要在管理者身上寻找的思维方式。近 60% 的全球组织机构认为系统思维是一项对员工来说越来越重要的技能。[29]

与人类合作

在帮助企业生产产品时，尽管人工智能效率越来越高，系统越来越复杂，但它并不完美——事实上，它很容易出错，甚至更糟。人们有时会忽略这一点，尽管生成式人工智能输出的流畅度令人印象深刻，但如果没有人类的帮助，人工智能的输出文本很快就会变得平淡无奇，谎话连篇。需要"人类参与"是这项技术的耻辱。东北大学体验式人工智能研究所所长乌萨马·法耶兹（Usama Fayyad）表示："这些东西的运行过程中需要大量的人工干预，就像谷歌搜索的情况一样。""ChatGPT 遇到的一些问题是由人类回答的。如果算法意识到——这一点是值得钦佩的——'嘿，我有麻烦了，我需要帮助'，那么人类就会跳出来开始回答。这种干预模式会转化为训练数据，机器会变得更强大。"[30]

法耶兹指出，数据内容也需要人类把关。"当你把互联网上的所有数据都输入系统时，就会夹带很多仇恨言论、虚假信息。"人类需要判断什么是可靠的训练数据——例如，高质量的学术期刊或维基百科页面。"技巧在于限制数据并平衡它，"法耶兹说，"如果你给它输入两篇文章，其中一篇文章说'在这种情况下结果应该是甲'，而另一篇文章说'在同样的情况下结果应该是乙'，那么算法就没有理解能力、推理能力和（上下文）知识。它的选择要么是随机的，要么是更常见的。这就是它被假新闻欺骗的原因。"

评估人工智能的输出，纠正它的编造和偏离正轨的行为，以及整理它的数据，都是我们不能外包给其他人工智能系统的任务。我们需要人类专家来执行这些任务。而这些人需要相互联系、沟通和合作，或者组建有效、适应性强的团队。人际交往技能对每一种工作状况都至关重要——即使我们单独工作，我们也需要建立良好的业务关系。提示ChatGPT给客户写一封友善的电子邮件可能会节省时间，但人工智能不会知道客户上周五在Zoom会议上说了什么。不管技术如何发展，我们始终需要知道如何与他人良好地工作和相处。

当然，社交是早期教育的主要目标之一，这就是为什么新冠疫情期间的隔离和社交疏远的经历在许多年轻人的心里留下了深深的伤疤。[31] Zoom 一代还必须应对社交媒体和数字媒体的影响，这些影响与一系列严重的健康和行为问题有关，包括社交焦虑症。[32]

雇主已经充分意识到员工懂得如何与他人合作的重要性。在员工的"核心"技能中，全球组织机构将"同理心和积极倾听"以及"领导力和社会影响力"分别排在第八位和第九位，仅次于"对细节的依赖度和关注度"。[33]大多数组织机构表示，这两种技能的重要性在未来只会上升。

无论是金融、法律、制造业、媒体还是其他任何行业，员工都需要具备认知能力，使他们能够创造性地与他人以及与人工智能协作。这些能力属于思维方式范畴，而不是知识体系范畴——是心智架构（mental architecture）而非心智陈设（mental furniture）。虽然人们仍然需要特定的专业知识才能在工作场所发挥作用，但人工智能将在单纯的知识方面承担大部分繁重的工作。为了在这种环境中脱颖而出，未来的员工必须展示其具备进行有效团队合作的行动力。有效的领导者必须表明他们可以设定明确、可衡量的目标，创造一种彼此尊重、相互支持的文化氛围，并以体贴和诚实的方式进行沟通。

因为尽管人工智能可以模仿正确的词语,但它无法理解我们说话时的微妙的人文背景,也无法理解我们说话的目的。

人类智能在人工智能工作场所的作用

我们已经看到,法律等行业正在对人工智能做出反应,要求其拥有越来越复杂的批判性思维。即使是技术含量最高的行业,重型制造业,也要聘用那些优秀的系统思考者——能够在广阔视野下思考和行动的人。在现实的工作场所,社交思维和情境思维永远是必不可少的。因此,不断磨炼自己的批判性、系统性、社交性和情境思维的能力将是至关重要的。我们可以将这些思维的总和称为"人文素养"(human literacy)。

批判性思维的定义有些模糊,但就本书的目的而言,我们可以说它是指以一种娴熟的方式分析某些想法,而在运用这些想法时要彰显洞察力,能发现细微差别或更深层的含义。要做到这一点,就需要能够观察、反思、综合和想象这些概念和信息,并能够沟通这一过程的结果。简而言之,批判性思维是我们诸多教育工作所期望的最终产物。

人工智能在包括观察和交流等许多批判性思维方面做得越来越好。但它还没有完善它们。因此，当律师琢磨如何让客户赢得官司，或者当音乐制作人在选择哪个低音音轨能让他们的新单曲走红时，他们都在使用人类的认知能力。因此，批判性思维仍将是人类保有工作的基石。

鉴于系统的复杂性，构建系统概念似乎是一项更适合数字思维而不是人类思维的任务，我们确实依赖计算机来理解复杂的网络。但计算机无法决定如何处理这些信息。同样，系统思维涉及跨领域的视野，机器能够分别理解这些领域，但不能以整合的方式进行分析。借助系统思维形成原始联系的能力依然是具有预测能力的大型语言模型力所不及的。

人工智能系统可以模拟气候变化，但需要人类来设计和制定政策来阻止它。同样，人工智能可以帮助工程师团队预测问题可能发生的时间，但它无法调动项目所需的不同人才，为他们指明方向，解释调查结果的更广泛影响，并决定如何有效地实施变革。事实上，人工智能一开始就不会有关于任何项目的任何想法。只有人类才表现出这种能动性。

只有人类才具备社交能力和情境理解能力,能够解开莎士比亚所说的生命之网的交织线,它们好坏参半交织在一起。无论多么规范,没有哪个活生生的工作场所能存活于数字的纯净世界中。每个场所都因其居民不断变化的关系、情绪、欲望、政治和愚蠢行为而错综复杂。尽管一些哲学家和亿万富翁怀疑宇宙是一个模拟器,但它肯定不是一个数据集。我们无法将其输入到即便是最复杂的人工智能模型中。没有一个大语言模型能够像麻雀一样,更不用说像人类一样以同样的能动性和理解力存活于世间。即便如此,人工智能正在如此迅速地改变人类混乱的工作场所,以至于近一半的美国人担心它会取代自己的工作。[34]

无论一个人的海马体有什么特点,无论是充满多巴胺受体还是受焦虑基因控制,我们对变化的适应都不是它唯一的功能。海马体还能调节学习。请关注一个科学概念,称为"应变稳态"(allostasis),即"通过变化实现稳定"。[35]这意味着,受变化影响的健康系统不一定会稳定地回到原来的位置。相反,它们可能会稳定在一个完全不同的状态。换句话说,在变化中实现稳定的方法是改变自己。

高等教育应该深刻领会应变稳态的含义。如果大学希望维持其古老的社会契约,让毕业生过上充实、富有成效的生活,同时为未来的行业创造生力军,那么就必须设计各种方法来培养学生独特的人类认知能力。为了培养人类智慧,我们需要理性思考高等教育的变革。

第三章
未来的学习模式

"自动化"一词的现代用法有时会被追溯到福特汽车公司的副总裁德尔玛·哈尔德（Delmar Harder）。在20世纪中叶，底特律汽车厂的工作通常让人疲累、单调重复，而且充满了各种危险。据说哈尔德首次提出这个术语是在他提议安装更多的生产和零件处理机器，以减少人为失误造成的持续延误时。通过用液压、气动和电磁机械系统来代替人类脆弱的血肉之躯，可以提高生产效率并减轻员工的工作量。然而，当我们谈论今天工作场所的自动化时，我们通常考虑的是一种不同的劳动形式（脑力劳动）的机械化，其取代的是一组不同的技能。

根据世界经济论坛的《2023年就业未来报告》，全球雇主目前最需要的"核心技能"是"分析性思维"。[1] 分析问题并找到解决方案，已成为从管理到中层操作，再到工厂劳动等各种工作最迫切的要求之一。尽管生成式人工智能系统已被引入工作场所，但雇主显然认为机器无法轻易复制人类的分析性思维。事实上，近四分之三的雇主表示，分析性思维在工作中的重要性只会提高。[2]

当今的全球经济不太可能失去对那些非自动化产生的，具有分析性思维的人的兴趣——至少不会立即失去。尽管数百年来，从大卫·李嘉图和约翰·梅纳德·凯恩斯，到阿尔伯特·爱因斯坦和斯蒂芬·霍金等经济学家和知识分子都警告过"技术性失业"的危险，但《2023年就业未来报告》向我们保证，"预计在未来五年内，大多数技术对就业的影响将是完全积极的"。在包括"大数据分析、气候变化和环境管理技术以及加密和网络安全"等领域，就业会出现增长。

事实上，历史确实表明，总体就业增长是可以预期的——机器的增加几乎总是会带来整体经济增长和更多的工作机会。虽然新技术一开始往往会对就业产生负面影响，但它们最终会产生所谓的"补偿效应"，在某些任务中取代人类劳动力，同时催生新行业并创造新的就业形式。在过去的一代人中，我们看到了这种情况，互联网时代之前没有人想象过的工作被发明了出来，比如搜索引擎优化专家、用户体验设计师和网红。一项研究表明，如今美国60％的工作在1940年并不存在。[3] 我们今天面临的问题是，最新的人工智能的技术突破是会证实还是会打破这一范式。

当然，人们的意见分歧很大。生成式人工智能可能会加速产生如马丁·福特、瑞安·阿文特（Ryan Avent）和丹尼尔·萨斯坎德（Daniel Susskind）等当代作家所预测的最终结果，即大量白领工作沦为自动化的牺牲品。[4] OpenAI的一项研究预测，在短期内，80％的美国工人以及"可能至少有10％的工作任务会受到引入（大语言模型）的影响"。[5]

2023年3月，高盛警告称，主要经济体中3亿个工作岗位将受到影响。[6] 事实上，普遍出现的失业威胁正是未来生命研究所发表公开信，呼吁暂停人工智能研究的动机之一。"我们是否应该让自动化消除所有工作，包括那些令人满意的工作？"该信的作者问道。[7] 史蒂夫·沃兹尼亚克（Steve Wozniak）和埃隆·马斯克等均在该公开信上署名。根据他们的说法，答案是否定的，尽管目前一些人工智能正在这样做。

还有一些人却更乐观。反对就业末日论的人指出"劳动总量"（lump of labor）是一个谬论，即认为世界上的工作量不是固定的。他们通过观察发现，通过降低成本和提高生产率，新技术创造了对商品和服务的更多需求，从而增加了就业机会。在这方面，人工智能"教父"和 Meta 的首席人工智能科学家扬·勒昆（Yann LeCun）表示，虽然我们"不知道"20 年后会有哪些工作存在，但"不会出现很多人永久性失业的情况。"[8]

在这种情况下，"永久性"一词承载了很重的分量。以前的技术飞跃见证了工作岗位的急剧变动，有的工作被增加，有的工作被取消。例如，在 20 世纪初，农业工作岗位的减少被工业工作岗位的增加所抵消，尽管这对没有能力从一种工作过渡到另一种工作的贫困佃农来说，可能没有带来多大的安慰。正如我们所见，卢德分子的不满有其合理性。

然而，在这场关于人工智能与就业的大辩论中，人们往往忽略了一个显著的事实。比尔·盖茨在最近的一篇文章中概括了这一点："人工智能的兴起使人们有空闲去做软件永远无法做到的事情。"[9]世界的大部分仍属于未知领域，天上地下可以探求的万事万物远远比我们在稍纵即逝的生命里所能想象的要多。我们还有一个宇宙的科学秘密有待探索，有无边的知识海洋有待挖掘。我们有无限的画布有待涂抹，有无尽的曲谱有待弹奏。从治疗疾病，到修复环境，再到写下一部伟大的小说，这些都有待人们去完成。并且，对于大多数人来说，这还包括找到一份收入不错、令人满意的工作。因此，即便机器替代了大多数人的日常劳动，将人们从单调的周而复始的工作中解放出来，人类仍然有很多事情要做。最大的问题是我们是否拥有实现这些目标的工具。

这与专家们通常忽略的另一个问题有关：传统上，教育在帮助人们掌握最新工具和适应技术变革方面发挥着重要的作用。如果历史可以作为参考，那么教育不仅是进步的助手，更是进步的孪生兄弟。19世纪，美国在城市化过程中发展了大众民主制度，免费的公立小学让大多数美国人摆脱了目不识丁的状态，使他们成为工业经济的劳动力。随着技术的发展，公立中学让那些基本识字的人有可能爬上更高的阶层，为他们提供了在更复杂的行业中工作所需的科学和专业知识。然后，随着美国企业在战后秩序下的崛起，公立高校将大众教育水平再次提高了一个层次，让相当一部分劳动力获得了专业领域的高级知识技能。现在，科技再次提高了教育标准。

如果未来的工作对我们要求更高，我们就必须对我们的教育，特别是大学教育，提出更高的要求。因此，面向人工智能时代的教育不仅需要关注科技，了解科技能做什么，还需要关注科技不能做什么——至少现在不行，也许永远不行。换句话说，"防御机器人"的教育模式应该培养我们作为人类所拥有的独特能力。

人工智能时代的人类智能

许多关于人工智能崛起的评论很多，但大都是关于大规模失业和新技术至高无上的懒惰言论——评论家们似乎忘记了是谁首先发明了这项技术。他们淡化或忽略了关于人类、技术以及各自在社会和世界中的地位等一些重要事实。例如：

- 在大量事实计算方面，技术可能具有优势，但在需要情商的情况下，人类仍然具有优势。
- 技术在执行复杂的分析任务（例如测序基因组）方面变得越来越熟练，但人类在就具体状况进行多方位动态分析方面仍然占有优势。这就是为什么到目前为止，我们仍未研发出相当安全的自动驾驶汽车，而一个普通的15岁的少年只需要大约50个小时就能熟悉掌握驾驶技能。[10]

- 在需要一个正确答案的情况下，技术非常有用；人类更擅长在没有明确答案或前进方向的情况下，在各种选择和权衡利弊中游刃有余。

- 技术几乎无法认识到在某个具体状况下文化背景对如何分析问题或情况产生何种影响；人类则往往会意识到文化背景对某个状况产生的巨大影响。

- 技术没有内在的能力来考虑行动过程的道德和伦理影响；通常，人类能认识到某个具体状况在道德层面必须首先考虑的事情。

- 技术——即使是可以进行"机器学习"的技术——从根本上来说只能在预先存在的信息的基础上做出选择或决定，与人类不同，它们天生就没有想象力。

事实很清楚：与其纠结于人工智能可能涉足的人类支配领域，不如帮助人们开发那些尚未，也可能永远不会被纳入人工智能范畴的领域。为此，我建议无论是中学还是大学都应专注于培养学生具备人类独有的特质。这包括社交和情境智慧（它独立于数字系统之外，是在现实中取得成功的关键，运用这种能力需要技巧和勇气），和一种可能是我们最崇高、最难定义、最难传授的能力，同时它又是《2023年就业未来报告》中列举的核心技能之一，其排名紧随分析性思维——人类天生的创造力。

人类是创造之母

几乎没有人会质疑沃尔夫冈·阿马德乌斯·莫扎特（Wolfgang Amadeus Mozart）是有史以来最具创造力的人之一。他创作了《G小调第40首交响曲》和《唐·乔瓦尼》，被认为是创作天才的最完美代表，他的才华超越了流派、文体和文化的界线。1756年他出生时，地球上人口约为7.95亿。[11] 2023年1月1日，全球人口是这个数字的十倍，达到79.43亿。[12]

从数学上讲，我们可以推测目前生活在世的具有伟大创造力的音乐天才应至少有10位。就像莫扎特一样，他们与生俱来便拥有极致的音乐天赋，但是并非独一无二。很有可能现在他们中的许多人居住在中国或印度。

但是，除了面临比过去几个世纪更激烈的人类竞争外，努力在市场上打出名号的艺术家现在还必须与"创意"算法的产品竞争。因模仿流行歌手的声音，一首名为"Heart on My Sleeve"的由人工智能生成的曲目最近在 TikTok、YouTube 和 Spotify 下架前获得了数百万次点击。这首短命的模因艺术作品不仅提出了关于知识产权和版权的突出问题，还引出了关于人类创造力的未来等更宏大的问题。"我们理所当然的一切已经变得岌岌可危：听人类创作的音乐，人们以此为生并认为这是一项特殊技能。"担任全球人工智能和艺术伦理委员会主席的音乐家马丁·克兰西（Martin Clancy）这样评论道。[13]

生成式人工智能系统有时被看作是随机发声的鹦鹉，只能根据输入的不同重复这些变化，不具备真正的创造力。然而，如果看似的创造力无法与真正的创造力区分开来，这种区别就有失去意义的风险。事实上，人工智能只不过是一种工具：一种我们可以用它来制作假货和伪造品，或打开过去无法想象的艺术视野的工具。尽管约翰·列侬（John Lennon）在 1980 年去世了，但保罗·麦卡特尼（Paul McCartney）最近宣布，他正在使用人工智能完成披头士乐队曲目中列侬的声乐部分（该曲目尚未发行）。[14] 同样，古典音乐作曲家几十年来一直尝试使用人工智能来美化和启发他们的艺术创作。罗伯特·莱德洛（Robert Laidlow）于 2022 年与英国广播公司爱乐乐团合作录制的《硅谷》（*Silicon*），将原创音乐与"符号化、生成式人工智能"的输入结合在一起。该人工智能接受过训练，其训练材料来自历史上所有作曲家的乐谱。[15] 为了充分利用这些新乐器，我们必须学会演奏它们。更重要的是，我们必须首先构思音乐。

教育不是要把每个人都培养成莫扎特。然而，在一个全球自动化的经济环境下，越来越多才华横溢的人同台竞技，教育将帮助我们这些没有独特能力的人取得非凡的成就。因此，教育不仅要培养模仿的能力，还要培养原创或出人意料的构想能力——换句话说，要培养创造力。而要培养创造力，我们首先应该了解它到底是什么。

认知心理学为我们提供了丰富多样的关于创造力的学术成果。20 世纪 60 年代，保罗·托伦斯（Paul Torrance）开发了一系列测试，试图量化一个人的创造力，例如，让一个孩子在一个中性形状的周围画出一些细节，并将其融入一张讲述故事的图画中。这些测试仍然被广泛使用，一些学校用它来评估儿童的天赋，也有用于企业环境。[16]然而，即使是该测试最热心的支持者也承认，创造力是一个极其复杂的现象，要揭示其心智构成极其困难。

尽管如此，这些测试所基于的最有用的概念之一是J. P. 吉尔福德（J. P. Guilford）对聚合性思维和发散性思维的阐述。[17]当一个人采用聚合性思维思考问题时，他们会专注于找到问题或任务的唯一"正确"答案。回答多项选择题是聚合性思维发挥作用的一个例子。当我们使用聚合性思维思考问题时，我们会权衡数据和替代方案，以达到最佳的、非黑即白的结果。这正是机器特别擅长的那种心理活动。

发散性思维是在思想自由流动中创造性地产生多种反应的思维方式。这方面的例子包括头脑风暴和自由写作——在纸上倾泻想法，而不考虑结构或语法。发散性思维往往与好玩、好奇和愿意冒险有关。发散性思维和聚合性思维有许多共同之处。例如，两者都需要评估和阐述的能力。然而，发散性思维需要的创造能力更全面——一种对问题不断变化的细微差别的敏感性、一种根据环境需要重新构建问题的能力,以及最终产生一个"无中生有"的结果或解决方案的能力。[18]

一般来说,美国的教育体系——无论是小学、初中、高中还是大学——都侧重于培养学生掌握聚合性思维的能力。当我们要求学生判断以不同速度开往芝加哥的两列火车哪一列先到达时,锻炼的就是他们的聚合性思维。然而,这种认知工作恰恰是最容易实现自动化的。即使是融合了聚合性思维和发散性思维的学术挑战现在也被人工智能掌握了:2023 年,GPT-4 在参加律师资格考试时获得了 90 分。[19]

然而,纯粹的发散性思维又是另一回事。虽然机器现在可以撰写有关 19 世纪新英格兰捕鲸业的经济状况的文章,但 ChatGPT 无法根据"生成 400 页关于航海认知的小说"这一提示开始创作《白鲸记》。做好这件事——甚至首先想到要这么做——仍然需要人类大脑的工作。但是我们的学校在培养学生这方面的能力上,往往做得并不到位。

有史以来最受欢迎的 TED 演讲是肯·罗宾逊爵士(Sir Ken Robinson)于 2006 年录制的"学校扼杀了创造力吗"。[20]

63

在这次演讲中,他提出了著名的观点:创造力对当今的孩子来说与读写能力一样重要。他把创造力定义为"产生有价值的原创想法的过程"。然而,在学校里对失败和错误答案的压制是在训练孩子们扼杀创造力。罗宾逊说:"我们没有培养创造力,我们远离创造力,或者说我们接受的教育让我们不再有创造力。"

由于美国教育体系主要是为了满足 19 世纪和 20 世纪工业经济的需求而设计的,它倾向于强调那些在由工厂、官僚机构和 Excel 电子表格组成的世界中最有价值的技能。美国教育通常(尽管不总是)督促学生学习数学、语言、科学和其他"硬技能",而不重视文科、创造性学科(如音乐和视觉艺术)以及通常被称为"软技能"的社交情感技能。正如罗宾逊所观察到的,我们的教育系统倾向于将学业成绩置于一切之上,以至于教育过程的理想产品(如果所有考试都通过并且所有课程知识都得到吸收)是大学教授。然而,正如他指出的那样,这是一种片面的智慧观,忽视了人类能力的丰富多彩,这一论述无疑是正确的。罗宾逊说:"我们的教育在开发大脑时,就像我们在地球上进行露天矿开采一样,是为了寻找某种商品。"他坚信除了学习成绩之外,我们还有更多的宝藏尚未开采。

有人相信掌握某些基本事实和知识可使人"变得聪明"和"做好充分准备",但这是对人类智能的一种片面的看法。如今,人工智能能够比我们这些"最聪明"的人更有效地传递事实和知识,就是这一观点片面的最佳证明。然而,高校常常会强化这种偏颇的看法。高校的机理在骨子里就是传播特定的学科知识。这可以追溯到中世纪大学被创立之时,人们按照学科区分来组织院系,设有专门研究神学、法律或医学内容的院系。

如今,大多数学院在课程设置和教学方法上,仍将向学生传播信息看得过重。培养学生更高层次的思维能力,如批判性思维或优雅沟通的能力,理应成为大学教育的目标之一。但它在现实中往往从属于知识内容的传授。通常,大学课程的设计也不是以明确、系统地培养元认知技能为目标的。

当今高等教育机构的一个问题是,即便大学以教授这些能力为目标,也未必做得很好,更不用说培养学生的创造力了。理查德·阿鲁姆(Richard Arum)和乔西帕·罗克萨(Josipa Roksa)在 2011 年发表的学术著作

《学术漂泊：大学校园学习的有限性》（Academically Adrift: Limited Learning on College Campuses）中发现，许多本科生在高级认知技能方面几乎没有进步，而这些本应是大学毕业生在学习过程中连带收获的能力。[21]

在过去十年中，大多数机构已转向使用预测性分析来提高学生的成功率——例如，通过学习管理系统来跟踪学生与材料接触的时间。但在大多数情况下，这些系统旨在提高学生的记忆力和持久性，而不是促进学生在批判性思维或复杂推理等领域获得可观的进步。

还有一些数据也证实了这一可怕的预测。经济合作与发展组织（OECD）开展的国际成人能力评估项目（PIAAC）对世界各地成年人的生活技能进行调查，在高科技环境中测试他们的读写能力、计算能力和解决问题的能力。美国人的表现不尽如人意。2017年的最新调查发现，与上一次调查相比，情况并无改善，36%受教育程度在高中以上的美国成年人在五级读写能力评估中的表现未超过二级。在数字能力评估中，受过大学教育的成年人把这个令人沮丧的数字提升到47%。[22]

现在你可能会问："如果人工智能现在可以替我们思

考,那么学生不会思考又有什么关系呢?"我们不应该放弃人类,把教育的白板擦干净,而应该重新考虑我们能够教授些什么内容。如果我们重新平衡教育方法——在帮助学生获取其选择的研究领域内的知识内容的同时,让他们获得人工智能世界中需要的更广博的认知能力——那么未来的几代人就不会把自己的自主权交给聊天机器人,也不会被抛弃在经济进步留下的灰烬之上。

为了实现这一目标,我们需要一种新的学习模式,能够让学习者了解他们周围的高科技世界,同时培养人类特有的思维品质和智力品质——即他们的协作能力、思维敏捷性和创造力——以适应周遭世界的变化。我们把这种模式称为人类学(humanics)。[23]

就像工程和哲学这两门学科都是既要学习知识体系也要培养思维方式一样,人类学作为一门学科,也需要教授内容并培养一定的技能。它帮助人们了解科技世界的构成,同时也让人们有能力去利用、操纵,最终主导科技世界。人类学是为我们所处时代量身定做的一门学科,其学科基础是掌握我称之为"新素养"(new literacies)的核心知识,同时培养"防御机器人"的思维方式,我称之为"认知能力"(cognitive capacities)。

新素养

英文"literacy"一词是指读与写的能力,词源为拉丁语的"littera",其含义是字母表中的字母。这一词通常包含计算之意,考虑到人类书写最初是一种记录的手段,这也说得过去。字母和数字都是一些符号,这样我们就可以保存它们并传播给其他人。这种通过展示一些抽象符号将想法传递给他人的能力,是人类最强大的能力之一。而且,就像一本好书或者一份金融报表可以让人入迷一样,很显然这就是虚拟现实的雏形。读写能力不仅可以传播信息,还可以激发想象力。

在互联网出现前,书写是人类庄严地记载事实的一种方式——是对关于某个文明的历史、权力、族谱、法律和文化的公认真理进行的编码。对文字的掌握使一个人变得完整。读写能力素养是一个人能够在社会中过上充实生活的基础。它具有一种力量。这就是为什么它有时仅在享有特权的群体内部使用,而被边缘化的群体无法探知其门径。弗雷德里克·道格拉斯(Frederick Douglass)曾写道:"读写能力是从奴隶通向自由的道路——相反，读写能力的缺乏则是滑向无力感的下行通道。"

无论时间多久、空间多远，读写能力使我们能够与他人的思想和信息建立联系。书面语言使我们能够沟通思想，数学让我们可以传达数量和维度信息，而科学素养让我们懂得如何面对自然世界。在数字环境中，人类需要更复杂的读写能力，使我们能够做的不仅限于在人与人之间传递概念。人类学（humanics）的三大新素养——科技素养（technological literacy）、数据素养（data literacy）、人文素养（human literacy）——使我们不仅能与他人交流，而且能够与机器沟通。更重要的是，这些素养让我们能够充分利用人工智能驱动世界。

科技素养

在以前的技术进步时代，普通人可能并不需要知道他们所使用的技术是如何工作的。20世纪50年代购买新电视机的家庭可能不知道他们的新设备里面有一个阴极射线管，可以将电子束转换成图像；他们真正需要知道的只是在指定的时间拉动开关并转动电视机外部的拨盘，画面就会出现。同样，早期的互联网用户也没有必要去理解推动这一开创性进步的庞大的电线、电缆、服务器和无线电网络：比较重要的是知道如何利用它来获取想要的信息。确实，如果一个人的电视坏了或者调制解调器出了问题，就需要一位知识渊博的专家来进行必要的维修。但通常来说，在开始使用技术之前，并不需要对其有广泛深入的了解。

然而，在人工智能时代情况却有所不同——随着我们继续高歌猛进地将其应用于生活的各个方面，学校，特别是大学，提供科技素养基础教育非常重要——换句话说，人们应该了解这种变革性技术是怎样出现，以及它是如何运作的。原因很简单：与大多数以前的新技术不同，人工智能并没有被限制在某一个商业部门或人类存在的某一个领域：它无处不在。事实上，当我们如今广泛地谈论"人工智能"时，我们实际上指的是至少五件事：（1）通用人工智能工具，如 GPT-4 和类似的应用程序；（2）工业人工智能，即使用专门的人工智能应用程序来解决各种经济部门的状况和问题；（3）社交媒体，在其旨在向用户推送内容的算法中大量使用人工智能；（4）物联网，其中传感器和人工智能应用程序与汽车、家用电器和其他常用物品等物理设备结合在一起；（5）元宇宙，由人工智能支持的增强现实和虚拟现实组成。

让我们再考虑一下上述情况：我们才刚刚进入人工智能时代，但它已经完全融入了我们的工作、家庭、沟通方式、日常活动以及由科技驱动的虚构"现实"之中。这还不足以使其成为每个人都要学习的基础学科吗？

回忆一下在上一个技术变革时代——个人计算机时代——没有提供这种基础知识所产生的影响。在美国及其他地区，不同种族和社会经济阶层的年轻人之间存在着所谓的数字鸿沟，这被看作是理所当然的事情。虽然造成这种差距的原因有很多，但其中一个重要原因是，即使在21世纪20年代，也只有不到一半的美国州要求学校教授计算机科学，每年只有6%的中学生选修基础计算机科学课程。[24]正规学校教育相对缺乏对计算机教育的关注，这导致了日后就业机会的不平等。正如电气和电子工程师协会（IEEE）指出的那样，全球超过80%的中等技能工作需要中等水平的数字能力。因此，不具备这种技能的人将失去宝贵的获得高薪工作的机会。[25]同样的风险现在也存在于人工智能时代，教育部门有重大义务与时俱进。

帮助学习者培养基础科技素养的另一个重要原因是：在许多方面，人工智能不同于以前的所有技术，甚至不同于计算机。一般来说，以前所有技术的目的都是完成三件事中的一件或多件：（1）使任务更容易，（2）使完成任务更迅速，（3）取得成果。拖拉机使推土任务变得更容易、速度更快；计算器使计算数学问题变得更容易、速度更快；飞机使前往遥远的目的地的旅行变得更容易，速度也更快。人工智能也能做这三件事，但它通常还会做第四件事和第五件事：它对正在发生的事情做出判断，有时它会给我们提出建议。这就是"人工智能"中的"智能"部分。一个温和的例子是，人工智能模拟器可以帮助工厂主管辨别出装配线故障很可能是由于零件磨损导致的，现在应该更换这个零件。一个更令人担忧的例子是社交媒体算法，当人们发布有关国家选举的内容时，算法会连续推送帖子，暗示选举不合法。然后从主张对此"感知到的现实"（perceived reality）做出暴力回应的帖子中整理出更多帖子进行推送。

人工智能无处不在，它可以很强大，而且它产生的结果并不总是中立或无用的。这就是为什么要对人工智能的工作原理有一个基本的了解——以及为什么要对人工智能产生的数据有一个基本的了解,这构成了我们下一个新素养的基础。

数据素养

在人工智能出现之前,人类与数据的关系一直很紧张。《纽约时报》上每发表一篇五角大楼文件,揭露美国对越南的政治和军事介入的真相,赫斯特报纸上就会出现一篇令人喘不过气来的、耸人听闻的——而且可能是不准确的——对缅因号战列舰沉没的处理报道,加速美国介入美西战争。数据及其呈现方式之所以重要,有两个原因:(1)数据是我们理解现实和周围世界的基础;(2)人们和社会需要真实准确的数据来做出正确而积极的决策。人工智能在这方面已迅速证明自己既是福音又是祸害,这就是为什么大学需要加强数据素养的教学——即一种教育方式能帮助学生学习:(a)如何更好地辨别哪些数据是真实的,哪些不是;(b)哪些数据是人造的,哪些是机器生成的;(c)如何在特定情况下筛选大量信息以识别和应用最有用和最相关的数据。

到目前为止，我们大多数人都知道社交媒体通常的工作方式是向用户发送内容，这些内容由人工智能算法驱动，这些算法提取用户之前在平台上查看的内容，并对其进行强化。人类了解世界的方式是首先感知世界，然后概括经验，最后通过建立心理模型来引导我们走向未来。因此，当我们用社交媒体经常呈现的狭窄视角来感知世界时，我们更容易在构建心理模型时犯错误。[26]我们感知到的"现实"往往会强化我们现有观点并让我们忽视其他观点。随着这些熟悉的观点被重复，我们甚至可能开始相信它们就是事实，即使它们其实只是些观点。传统社交媒体平台也已证明自己是快速传播彻头彻尾的谎言的有效渠道——尤其是在社交媒体监管较为宽松的美国。[27]

最新一代人工智能工具（如 GPT-4）就存在这些缺点，甚至更多。人们知道这些工具容易产生"幻觉"，即把一些信息作为事实甚至是来自权威渠道的事实，而实际上这些信息完全是编造的。例如，谷歌在 2023 年初推出最新的人工智能聊天机器人 Bard 时，该机器人错误地指出詹姆斯·韦伯太空望远镜已经拍摄了第一张太阳系外的行星照片（实际上该照片是哈勃太空望远镜拍摄的)。[28]更令人担忧的是,GPT-4被发现会编造似乎得到了科学参考文献支持的事实和数字,但这些事实和数字完全是错误的。[29]综合考虑,人工智能目前的整体准确度不仅让人想起古老的谚语"信任,但要核实",而且也许我们要更进一步:不要信任,要核实。鉴于人类倾向于相信他们认为有可靠来源的信息[30]——许多人可能认为Bard、GPT-4和类似的人工智能工具也是如此——显然,大学需要培训学习者以适当的怀疑眼光来审视来源于人工智能的信息。

与此同时,高等教育也应该让学习者认识到人工智能生成的数据正在以越来越多的积极方式影响高校课程通常涵盖的领域,包括科学、医学和商业。就像计算机或计算器一样,人工智能的一个关键优势是它能够比人类更快地处理某些类型的信息,而且就像显微镜或望远镜一样,它能比人眼更准确地观察事物。这就是为什么人工智能在放射学等领域受到推崇的原因,它已被用于显著提高医生理解胸部 X 光片的准确性,从而有望更准确地筛查肺癌。[31]人工智能极大地推动了罕见疾病治疗方法的发现,显著缩短了基因组测序的时间。在 2023 年,一个研究团队创下了吉尼斯世界纪录。他们将人类基因组测序的时间缩短至仅需 5 小时 2 分钟，这比通常需要几周的传统方法要快得多。[32]

人工智能在处理大量数据、运行成千上万的理论情景以及分析复杂模式以确定有用信息方面的能力也正在商业领域留下印记，通常是通过使用一种被称为"数字孪生"的技术。数字孪生是通过收集和整合来自传感器、人工智能设备和其他数字系统的数据来创建的物理资产或系统的虚拟实体。数字孪生使用这些数据来模拟物理资产的行为和性能，使企业能够监控和优化运营。它对上一章讨论的复杂工业系统的维护至关重要，而维护这些系统本身就更需要员工具备敏捷的系统思考能力。

数字孪生可用于各种资产，从机器设备、到整幢建筑物，再到各大城市。例如，法国雷诺汽车公司使用数字孪生技术来创建汽车的虚拟实体，从虚拟设计开始，然后是汽车所有技术部件的虚拟模型。这使雷诺公司能够提前测试他们的车辆，确保其安全合规，并在最终生产前进行必要的更改。同样，全球消费品公司联合利华已将其数百个制造基地复制为数字孪生模型。现场人员可以通过手持设备访问数字孪生数据，分析挑战，制定解决方案，并与同事交换信息。其目标是提高效率，最大限度地减少浪费，确保联合利华的供应链完全合规并符合质量标准。[33]

显然，这些科技发展正在改变大学所关注的每个领域的形态，应该被纳入大学现在提供的标准教育课程中。但即使具备基本的科技素养和数据素养，也不足以应对人工智能对世界的影响。要真正做到这一点，今天的学生将需要另一个关键素养——不是关于人工智能能做什么，而是关于它不能做什么。

人文素养

人工智能令人印象深刻。人类也是如此。正如生物学家兼心理学家苏珊娜·赫库拉诺－胡泽尔（Suzana Herculano-Houzel）所指出的那样，与其他动物相比，我们的大脑非常庞大。但人类与众不同的不仅仅是大脑的大小，还有大脑的能力。150万年前，我们的祖先发明了一种非常有用且有效的方法来获取更多的卡路里——通过烹饪——使人类大脑皮层中的神经元数量比其他任何动物都多。[34]当然，这种优势帮助我们站在了生物秩序的顶端，也能帮助我们保持对机器创造的智能的优势。但严格来说，我们甚至不需要我们的大脑来实现这一点：我们的身体和灵魂就可以了。毕竟，你最近一次看到人工智能投出完美的快速球是什么时候？最近一次聊天机器人成功吸引某人成为他们的未婚妻是什么时候？人工智能可能正在迅速崛起，但人类及其创造的社会奇迹——更不用说自然界、宇宙及其所有未解之谜——仍将展现无数精彩。

这就是新素养的最后一项——人文素养——发挥作用的地方。正如本章开头所述，高等教育的最高宗旨是培养独特的人类特质：在世上行走所需的社交和情境智能、催化成功的主动性和灵活性，以及改善世界的想象力。培养人文素养就是要磨炼这些特质，我称之为认知能力。

认知能力

在本章前面，我对自动化和社会进行了广泛讨论，其中值得注意的主题有：（1）尽管技术越来越普及，但雇主们更热衷于人类提供分析和其他技能；（2）虽然人们可以越来越依靠人工智能来解决需要聚合性思维的任务——换句话说，一个有明确答案的选择或计算任务——但它还没有完全掌握发散性思维；（3）真正的创造力——不是从过去挖掘洞察力，而是生成一个全新想法的能力——超出了目前人工智能的能力范围。通过深入研究每一个主题，我们可以确定九种不同的技能，如果得到培养，有助于让今天的学习者真正具备可防御人工智能的思维模式。九种认知能力包括三种核心认知能力、三种催化认知能力和三种创造性认知能力。

核心认知能力

我将前三种认知能力归为一类，我称之为核心认知能力类。这些是典型的技能，对于一般的学生或专业人士来说都是熟悉的。尽管人们对它们可能很熟悉，但这些技能的重要之处在于它们超出了科技能够掌握的范围。其中第一个能力是批判性思维和解决问题的能力——即，能够使用更高层次、以过程为导向的思维方式来解决某个难题；充分考虑各种可能性；然后利用推理做出决策。

这是目前人工智能没能征服的最后一个领域。例如，让我们设想一下，当人们要求生成式人工智能（如GPT‐4）

解决一个有争议的问题或细节问题时，通常会发生什么。凭借从互联网的知识库中获取的信息，它可能会给出详细的答案；它甚至可能认识到问题的各个方面，或者不同的人对此有不同的看法。但通常在这种情况下，它会拒绝得出肯定的结论；相反，它会强调人们可以从不同的角度来考虑这个问题。这非常公道，但还不够：在现实世界中，人们需要做出大大小小的选择，这样他们才能前进。通过强调批判性思维的一个关键目的——解决手头的问题——教育者可以培养学生重大决策和选择的能力，这种决策和选择是人工智能所不愿做出的。

第二个核心能力是沟通和协作——向目标受众清晰表达想法，包括说服他人为共同目标而努力的能力。人工智能在这方面的能力又一次无法与人类匹敌。我们都知道，人工智能在沟通方面已经突飞猛进：它模仿人类以说话和写作来传达信息的能力，引发了人们对这项技术及其可能性的新一轮的喋喋不休。但正如任何一位博学多识、曾给一群无聊透顶的本科生上课的学者都会告诉你的那样，使用复杂语言的能力与吸引人或有说服力的能力是不一样的。有效的沟通不仅仅关乎语言，还关乎语调和情感。沟通需要能够读懂一屋子人的想法。而当谈到使用语言来号召人们支持你的事业时，就需要理解这些人——以及语言如何与他们的价值观、动机和目标联系起来。换句话说，语言只是沟通的起点。如今，人工智能可能更擅长使用语言——但人类仍然提供关键的素材，赋予它们更深刻的含义。

同样，我们的第三项核心能力：文化敏捷性（cultural agility）也是如此。文化敏捷性是指欣赏周围世界多样性的能力——不同文化的价值观、规范和共识的不同之处，以及在这些文化间游刃有余地进行有效沟通的能力。正如我的同事葆拉·卡利朱里（Paula Caligiuri）所描述的那样，文化敏捷性是"使专业人士能够在跨文化状况下取得成功的超级能力"。[35]

再说一次，人工智能驱动的技术可能在翻译软件等方面发展迅速，但无论我们的 iTranslate 应用程序多么准确，真正的文化敏捷性（体现为对多样性的真正理解能力）仍然超出了机器的能力范围。它涉及的不仅仅是知道如何在视频会议或在外国餐馆里表现得体。文化敏捷性要求我们对某种文化有足够深入的了解，这样我们才能无缝融入多元文化团队，或与生活方式截然不同的人有效沟通。

世界上没有一台机器可以告诉我们如何在拥挤的酒吧里回应陌生人的搭讪，或者如何对新同事的说话语气和肢体语言做出回应（尽管我们已经看到软件在读取面部表情方面取得了巨大的飞跃）。[36]人工智能也许能够告诉我们一位商人话语的确切含义，但它无法综合潜台词、言外之意以及各种文化假设和多元文化解读等因素来进行贸易谈判。事实上，由于人工智能会加剧传播现有偏见并且放大不公正现象，我们比以往任何时候都更需要透过屏幕看问题，学会与那些乍一看似乎不太适合我们常规社交圈的人建立联系。

过去，文化敏捷性似乎主要体现在经常坐飞机的商务旅客和外交官身上，但如今全球化已将这项技能的重要性推向大众领域。汽车经销商会为东京和迪拜设计完全不同的宣传活动。文化敏捷性对于解决跨境问题至关重要。在我们文化多元化的经济体中，最成功的专业人士将是那些能够轻松跨越分歧、毫无心理负担地在不同背景下做出决策，无论是融入还是适应不同文化，均能胜任不同角色的人。所有这些都远远超出了人工智能的能力范围——但如果得到适当的发展，则完全属于人类学习的领域。

催化认知能力

接下来的一系列认知能力源于我们之前的观察，即尽管人工智能对需要聚合性思维的任务可能很擅长——回答一个有明确正确答案的问题，或者从一组事实或情况中得出一个线性的、逻辑性的结论——但我们人类更擅长发散性思维：那些出人意料但却异常巧妙的思维方式，把来自截然不同领域的观察结果以某种方式结合起来，却又十分合理，以此对传统观念提出质疑。

我们为什么如此擅长发散思维？根据认知神经科学理论，这是因为：（1）我们有意识，而意识对于某些特定的认知任务必不可少，例如那些需要持久信息维护、新颖的操作组合或自发产生有意行为的任务；（2）我们密切关注我们生活的环境，并始终将有关它的有趣事实存储在我们的大脑中以备将来使用（科学家假设人类大脑中存在一个"认知工作区"，它将来自遥远神经集群的信息关联起来以产生新颖的见解）；（3）我们是目标驱动的生物。[37] 显而易见，人工智能不具备这三种特质中的任何一种，而我们人类拥有这些特质，使我们不仅能够成为有趣的思想家，而且能够成为具有催化性质的思想家——换句话说，能够进行思考，让事物超越预期，进入新领域。

为了最大限度地发挥这种神经优势，高等院校应该培养学生，使其拥有以下这些能力——我们将这三种额外技能称为催化认知能力，每种技能都旨在促进发散思维、坚持不懈和前行动力：

- 主动性和独立性：在有限的投入或指导下承担一项事业的主人翁精神，并独立克服障碍的能力；
- 敢于承担风险：尽管不可避免地面对不确定性和各种挑战，但仍有能力沿着既定道路前进；
- 灵活性和适应性：有能力并愿意改变行动和计划，以克服当前和未来的挑战。

创造性认知能力

最后，根据我们之前的观察，人类具有人工智能所不具备的创造能力，大学也应该重新致力于培养人类独有的创造力。值得注意的是，我们大脑独特的神经结构是如何塑造这种能力的。科学家们已经充分证明，虽然人类不是唯一拥有回忆过去和规划未来的能力的物种，但我们拥有对不同情况的无限想象和反思能力，以及在思维层面把各种情景联系在一起的驱动力，这构成了卓越创造能力的苗床，这种能力使我们有别于所有其他生物和技术。[38]正如作家兼心理学家托马斯·萨登多夫（Thomas Suddendorf）所说：

> 人类在2岁以后，心理情景构建能力迅速发展……（孩子们）会不断地使用玩偶和玩具等道具来构建和重复各种情景。从根本上说，思考就是对行动和感知的想象……在玩耍中，孩子们测试假设，考虑可能性，并做出因果推断，这与（成人）科学家的做法并无二致。[39]

然而，正如观察家们以前（正确地）指出的那样，我们的教育机构不应教育年轻人摒弃这些天生的创造力倾向（学校经常这样做），而应该充当保护和培养这些宝贵能力的温室。除其他事项外，高等院校可以促进：（1）机会识别，即把问题视为创造解决方案的机会并付诸实践；（2）原创性，即在没有明确界定的框架的情况下进行思考并创造解决方案的能力；（3）未来导向，即让自己关注社会中即将出现的发展机遇。

如何培养创造力

如果高等教育的目标仅仅是将信息输入学生的大脑，那么借书证或互联网链接就是我们唯一需要的工具。但大多数人都不是自学成才的，大多数大学生并不能仅仅通过阅读就掌握学位课程的内容及其相关技能。我们使用研讨会、论文作业、考试和多种其他工具来教授学术材料。因此，当我们重新平衡大学教育的目标，不再过分强调内容传递，而是教授强调新素养和认知能力的人文课程时，我们同样需要扩展我们的教学工具箱。这包括通过创新课程来整合新素养，例如，专业合并以及专注于与社会直接相关的问题的项目式学习。

为了让学习者在锻炼认知能力的同时，对材料有全面、多维度的视角，高校应在传统学科课程的基础上实现各类素养的整合。一种方法是设计混合课程，例如结合多个学术领域的综合专业，在最初看似不相关甚至独立的学科之间有意建立桥梁——例如计算机科学和哲学。在独立的计算机科学或哲学课程中，大学教授将指导学生完成编程基础或认识论等课程。另外，还可以构建一个综合专业，让学生将形式逻辑应用于计算原理，同时也关注沟通的灵活性，以及信息技术引发的道德问题。综合专业的课程将明确地将这三种素养交织在一起，引导学生建立联系，例如，将亚里士多德的形而上学、信息论和软件开发过程相结合。

这种方法的优势在于将学生从信息孤岛中释放出来，鼓励他们综合不同领域的知识，并实践各种认知能力。综合的专业课程还将明确培养学生的心理技能。例如，全球商业课程可以让学生思考如何识别机会、创新、承担风险，以及文化敏捷性等问题。一门关于加勒比海沿岸可持续发展的课程将测试学生的解决问题能力，同时让他们接触从环境科学到数据分析、城市规划、统计学和健康科学等概念。国际合同课程可能会交叉融合法律、金融、人工智能和全球事务等内容来锻炼学生的批判性思维。

但即使是设计最佳的学术课程也只有在学生参与并充满热情地学习时才会有效。因此，教育工作者应注意将他们的课程学习与学术圈外的应用联系起来。基于项目的学习生动地展示了行动如何胜过孤立的理论，把学生的学习和校园之外的世界联系起来。此外，当学习者努力以切实的方式为解决现实挑战做出贡献时，他们对学习的参与度才会更加深入。例如，一个健康科学项目可能会与一个非营利组织合作，来研究如何对抗农村社区寄生虫病的传播。通过离开教室去实地收集数据，学生将课本知识付诸实践，并见证其对人们生活的影响。或者，物理专业的学生可能会从事一个核聚变研究的项目，来锻炼他们的实验室技能，同时也为解决人类能源危机做出贡献，哪怕贡献只有一丁点儿。通过开展旨在解决实际问题的具体项目，学习者不仅获得了新的素养，培养了自身的认知能力，而且还掌握了如何将其所学本领真正用于实现人生目标，而不仅仅是拉高成绩单上的分数。

这些工具——通过明确地将各类素养、项目学习与现实世界结合起来——对于以培养学生防御机器人能力为目标的高等教育模式来说至关重要。唯一完整的教育是与世界互动的教育，如果课程受限于课堂环境，那么这些课程的效果就会大打折扣。听故事是一回事，成为主角又是另一回事。与机器人不同，人类在探索环境和生活的方方面面时，通过感官获得了最深层的编程。与机器不同，我们最好的老师是经验。

第四章
体验不同

美国国家饮食失调协会（NEDA）于 2023 年春季关闭了呼叫热线。该非营利性组织在一封电子邮件中表示，它将"开始大规模推进人工智能辅助技术，为个人和家庭提供经过审核的全自动资源聊天机器人特莎（Tessa）"。[1]但当顾问莎朗·麦克斯韦（Sharon Maxwell）试用这项新技术时，她对特莎的回复感到吃惊。"聊天机器人特莎给我的建议是，我每周可以减掉一到两磅，我每天的摄入量不应超过 2000 大卡，这意味着我每天的卡路里缺口应该为 500 到 1000 大卡。"麦克斯韦回忆说。这些建议显然对饮食失调患者有害。在二十四小时内，该协会拔掉了聊天机器人的插头。

聊天机器人特莎给出的回复令人感到恐惧，因为这可能会对任何患有饮食失调的人产生危险的影响。但生成式人工智能的错误不仅仅在于其言语——聊天机器人使用攻击性语言并不新鲜，因为它们在种族主义、性别歧视、反犹太主义和阴谋论方面都有令人生畏的记录。[2]

机器人特莎犯的不仅仅是一个事实错误，更关乎人工智能不能理解它运作的背景。实际上，它怎么可能理解呢？聊天机器人怎么可能真正了解饮食失调？尽管人工智能系统非常复杂，但它们只能将"饮食失调"或"希波克拉底誓言"等概念作为符号序列来操作。对它们来说，语言是一组数据点，与其所代表的现实脱节。尽管人工智能功能强大，但它对语境的理解力却很弱。

在上一章中，我曾提出，人类学教育以三大新素养为基础，旨在培养九种认知能力，是一种超越传统高等教育教学的变革。同时，仅靠人类学课程并不能确保学习者在整个工作生涯中具备防御机器人的能力。随着人工智能的发展，技术系统将继续变得更加复杂，在越来越多的认知任务中超越人类的表现。尽管如此，它们仍将缺乏我们看待生活的人类视角——我们通过解读情境来评估、决策和采取行动。人类拥有这种视角，因为我们从具体的情境体验中学习。

传统的寄宿制大学模式提供了宝贵的学习环境,如实验室、学生中心和宿舍楼。尽管如此,它最终还是受到校园边界的限制。为了促进学生掌握人类科学并锻炼其全部心智能力,他们需要在整个世界的广阔背景中进行情境学习。理想的教育模式是消除课堂和生活之间的障碍,创造一个持续的、多维度的学习生态系统。这让学习者全身心地处于无序随机、高度偶然和不可思议的生活中,让大脑体验罕见的情况。这让学习者有机会在陌生的情境中即兴发挥——互动、发明和独立思考。这种模式被称为体验式学习,当人类学习者沉浸其中时,他们会摆脱预定数据输入的束缚——这与人工智能不同。人们沉浸在无数种体验中,深刻体会某个情景及其细节,摆脱程序束缚,提升自己的心智。

什么是体验式学习

体验式学习与许多传统的学习形式不同,它融合了课堂学习和现实世界的体验,将学生置于模型的中心。它打开了校园的大门,使整个世界成为一个潜在的教室、图书馆或实验室。通常,学生通过长期实习、合作项目、勤工俭学和全球历练进行体验式学习。然而,体验式学习原则上可以扩展到任何不涉及被动吸收信息的情况。换句话说，只要你在学术环境之外做事，并且你在做这件事的过程中也在学习，你就是在进行体验式学习。

众所周知，熟能生巧。但体验式学习的意义在于它将实践置于全新的情境之下。体验意味着接触并观察事实和事件。显而易见，学习发生在我们思考和行动的时候。当体验式学习有意识地将自我、人类学和现实世界结合在一起时，其效力会大大增强。学习者将遵循一个持续的检查、测试和完善他们所掌握的知识的过程，但不会以随机的方式进行。刻意的整合至关重要：必须有一条双向的道路，将课堂知识应用到生活情境中，以及将现实世界的知识应用到课堂中。这是一个不断相互作用的过程，让学习者不断审视现有理论，并深刻质疑假定知识。如果这个过程带有目的性——有意识地进行——学习者就会将层层的假设或者将影响他洞察自我的习惯剥离出来。在清晰的光线下，他们看到了自己的能力、现有的技能和知识、嗜好和成长空间。因此，随着他们更加了解世界，他们也更加了解自己的思想。

从很多方面来看，体验式学习是个性化教育中最复杂的人生引擎。由于学习者的体验是由他们独特的生活环境塑造的，因此他们的学习方式是任何人工智能都无法企及的。通过不断的互动、质疑和适应不断变化的现实，学习者建立了意想不到的联系。他们会在许多地方找到灵感，而不是只会去使用谷歌搜索引擎，从而锻炼了自己的创造力和思维灵活性。通过这个过程，他们更具备防御机器人的能力。

那么，体验与学习之间究竟存在怎样的联系呢？实际上，关于体验的教育价值已经争论了上千年。一些思想家——就像我一样——认为环境是学习的关键。理性主义者认为，仅凭理性就足以得出关于不变现实的真理，而经验主义者则认为，对现实的了解必须源于感官的观察——换句话说，从体验的情境中获得。

美国教育家和哲学家约翰·杜威（John Dewey）认为，思想的有效性应该受到人类体验的检验，因此他主张建立一种基于人类体验的教育形式。他写道，学生不是一块白板。相反，学习者是在先前积累的经验和知识的基础上进行学习的："他在某个情境下学到的知识和技能变成了一种理解工具，可以有效处理接下来的情境。只要生活和学习继续，这个过程就会继续下去。"[3]

与杜威相反，传统主义教育家拒绝以体验作为知识的基础，要求回归到"亚里士多德（Aristotle）的逻辑学和圣托马斯（St. Thomas）的逻辑学所表达的终极第一原理的逻辑"。杜威认为这种选择"与现代生活状况脱节，在这个方向上寻求拯救手段是愚蠢的"。相反，他呼吁以生活体验作为教育的基础，"系统地利用科学方法作为智能开发的模式和典范，利用体验中的内在潜能"。[4] 换句话说，他试图将教育从封闭的思想中解放出来，向整个世界开放。

杜威和他的体验式教育思想启发了许多追随者。20世纪70年代，教育理论家罗纳德·弗莱（Ronald Fry）和大卫·科尔布（David Kolb）对杜威的观点做了进一步阐述，提出了"理解教学过程的综合框架"。[5] 他们设计了一个基于操作、检查、测试和精炼的四个阶段周期。在第一阶段，学习者从动手操作开始——获得直接、具体的体验。这就引出了第二阶段：问题观察和反思阶段。第三阶段是思考阶段——形成抽象概念和概括。第四阶段是规划阶段——测试这些概念在新背景下的含义。在四个阶段的循环重复中，学习得以继续。

为什么体验式学习有效

虽然练习可以让学习者更接近完美，但仅仅努力是不够的。小提琴家不能仅仅通过不断地拉动弓弦就获得精湛的技艺。有效的学习遵循一定的结构顺序，学习科学告诉我们，要掌握任何复杂的学科，学习者必须首先掌握其内容技能（component skills）。[6]其次，他们需要实践，将这些技能实施到特定的环境中。最后，他们需要在不同的环境中运用他们所学的技能。[7]例如，学习视频新闻的人首先学习如何构建和创作故事、视觉叙事的原则，以及如何拍摄和编辑。接下来，他们通过采访同学和制作视频来整合这些内容技能。最后，学生们通过在繁忙的媒体网站担任实习记者来应用这些技能。

这个顺序——获取、整合、应用——的结果就是专业知识。我们可以把学生从无知到精通的过程看作其在意识和能力维度内经历四个发展阶段的过程。[8]在第一阶段，学生既无意识也欠缺能力。他们对自己的欠缺程度缺乏足够的了解。在第二阶段，他们开始意识到自己能力欠缺，并明白自己还有很多东西要学，进入了对自己能力欠缺的有意识状态。在第三阶段，他们达到了一种对自己能力的有意识状态，在这种状态下，他们可以表现出色，但必须斟酌且有目的地这样做。在第四阶段，他们达到了对自己的能力无意识的自由阶段，本能地在自己的领域发挥最高水平。回到我们之前的例子，一群学生可能在没有认真考虑过报道技巧的情况下入读新闻学院。但很快，他们就开始了解诸如寻找消息来源、搜索公共记录和进行背景调查等工作内容。后来，经过数周的练习，他们能够将最初发布报道的想法转化为一篇深思熟虑的博客或文章。最后，他们可以一边忙于编辑出版，一边对当天的头条新闻分析得头头是道。

要想技艺高超，记者或任何学习者都必须首先遵循上述顺序：技能或知识的获取、整合和应用。获取和整合可以在学术环境中进行。所以，让我们回到防御机器人的学习模式，学生在课堂上获取内容知识，通过完成老师布置的作业（如写论文、完成项目或做实验）来使用这些知识。但只有当学生把这些新知识应用于新环境时，他们才算真正掌握了这些知识。这就是体验式学习发挥作用的地方。体验式学习之所以有效，是因为它按照顺序完成了三个阶段的学习，让学习者有机会将内容知识与技能整合起来，将其应用于复杂的生活环境中。

应用是学习序列中的最后一步，也是至关重要的一步，其操作原理称为迁移（transfer）。迁移是指学生把在一种情境下获取的技能或知识成功地应用到另一种情境下。如果情境相似（例如，当学生把他们在伊丽莎白时代的戏剧课上学到的思想应用到复辟时期的诗歌课上时），这种迁移被称为"近"迁移。学生已经掌握了一种理论、概念或知识体系，并将其运用到一个新的但差异性较小的情境中。如果情境差异性很大（例如，当在王朝复辟时期的诗歌研讨会上磨炼出来的批判性思维能力被用于为营销公司举办公关活动时），这种迁移被称为"远"迁移。当学生们面临全新的情况，他们能够退后一步，理解如何（在情境中）利用已有知识来解决问题。

一些教育工作者认为，远迁移是教育的最终目标。毕竟，如果学习的效果在离开教室的瞬间就消失殆尽，或者只能应用于高度相似的情况，那么学习的价值就大打折扣了。但要做到远迁移并非易事。研究表明，学生很少能够将相关的学习知识应用于不熟悉的情境中。[9]他们可能会发现自己过于依赖熟悉的环境，对知识的新用途处理得不够灵活。他们也可能对自己的领域缺乏深刻的理解，知其然，却不知其所以然。这会让他们无法知道如何在不同的环境中运用他们的知识。

将面向不同情境的理论知识与生活经验相结合，是克服这些困难的关键，有助于学生熟练掌握迁移技能。[10] 例如，假设这样一个场景：两组管理专业的学生都被要求分析一个关于合同谈判的案例。第一组根据之前课堂上学过的成功谈判要素内容来分析案例。第二组学生也具备同样的知识，但他们还在州立法机构待了一天，观察过立法者之间如何进行磋商。虽然他们磋商的内容不是合同条款，而是立法机构试图通过的一项法案。研究表明，第二组学生可能比第一组学生表现得更有学识。这是因为第二组学生在见过某种谈判的实际操作后，更倾向于识别和明确谈判的深层特征，这些特征无论是在磋商合同条款还是法规法条中都同样重要。经过实地观察，这些学生就可以将他们要分析的案例与这些深层特征有效联系起来。[11]

住宿制模式下的学习环境

大多数学生都会欣然接受住宿制院校为学生的学习

提供的丰富的环境和体验机会。毕竟，培养学生学习是大学的首要目的，而住宿制院校是一个特别丰富的体验环境，汇集了独特的创造力、资源和人才。

这一事实的重要性在新冠疫情的暴发过程中得到了彰显。当高校在 2020 年 3 月关闭大门时，学生们痛失社群沟通的机会，也减少了大学教育体验。当许多大学在秋季重新开学时，尽管广泛采用远程学习，但还是有大批本科生返回他们的大学附近。他们不顾人群聚集带来的风险，坚持恢复某种程度的住宿体验。[12]学生们深知大学校园无可比拟的价值和环境的重要性。

虽然学生们在涌入大学社区时，并非都有明确的培养认知能力的目的，但这是不可避免的结果。住宿制院校模式是培养文化敏捷性的温床，把拥有不同背景和哲学理念的学生聚集在一起。当来自各地的学生每天在课堂或宿舍里见面时，他们别无选择，只能考虑彼此的共同点和差异性。由于许多本科生在成长过程中很少接触异域文化，因此教育学生具备多元化群体意识的重要性再怎么强调也不为过。

除课程外，学生还可以通过许多其他方式在大学的不同环境中磨炼我们在第三章讨论的核心认知能力、催化认知能力和创造性认知能力。教师可以为学生探索超出常规课程要求的原创性研究提供机会。通过在课堂之外的环境中产生新知识，学生发展了蓬勃的创造力，并经受了在批判性思维和解决问题能力方面的考验。当一个本科生的名字出现在原创研究成果上，他/她可能会受到启发，开启一条充实的、足以防御机器人的职业道路。

俱乐部和学生组织会提供各种目标和项目、领导经验、风险承受和协作体验。志愿工作和服务性学习的机会也能起到同样的作用，而且还会产生实际结果。例如，学生可以在大一时加入全国导师组织的校园分会，从而培养其文化敏捷性，同时也培养自身的人文素养和沟通技巧。在大二时，他们可能会进一步磨炼人文素养，成为学生杂志的供稿人，然后成为黑人历史月的外联协调员，将校园内外的人们联系起来，以此磨炼自己的批判性思维和协作能力。在大三时，他们可能会参加瑜伽教师培训班，并利用这个培训班组织和领导瑜伽静修会——这是一个把识别机会和创新设计相结合的典范。学习无处不在。关键在于学生要能认识到自己的体验，并因此对这些体验进行反思。

然而，尽管校园环境提供了丰富的学习机会，学习者必须转向更大的环境，才能充分挖掘学习的潜力。与豪尔赫·路易斯·博尔赫斯（Jorge Luis Borges）的小说《论科学的精确性》（*On Exactitude in Science*）中的地图不同，传统的大学教育并不能扩展到整个世界。为了实现教育的包罗万象，我们必须将学习带到校园之外。随着人工智能继续改变我们的生活和生计，我们必须这样做。

为什么体验式学习能让你具备防御人工智能的能力

在一个二月份的下午，天色灰蒙蒙的，在华盛顿州雷德蒙德的微软园区，首席执行官萨蒂亚·纳德拉（Satya Nadella）登台宣布推出一款新产品。"这是科技界激动人心的时刻。"他说道，语气明显有些轻描淡写。不到三个月前，ChatGPT席卷了全世界，霸占了科技界和商业界的评论专栏，让人不禁联想到工业革命、印刷机，甚至是控制火种。现在，纳德拉邀请了一群记者，见证了人工智能版Bing搜索引擎的诞生，该搜索引擎采用了之前媒体大肆宣传的OpenAI大语言模型技术。"这让我想起了微软1975年成立时的情景，我之前也谈过这个。"萨蒂亚补充道。

他随后的演讲有力地证明了人们应该点击下载按钮。高管们演示了 Bing 的新聊天机器人功能,例如创建赴墨西哥旅行的行程并加以完善,总结最畅销的吸尘器的优缺点,或调查宜家的某款双人沙发是否能放进本田小型货车的后座。聊天机器人甚至研究并汇编了两家知名时尚零售商 Gap 和 Lululemon 的收益报告分析。这一切似乎都非常令人印象深刻——直到有人指出财务分析中的几个数字完全是伪造的。[13] 同一周,谷歌发布了人工智能聊天机器人 Bard 的宣传动图。这个机器人回答了一些问题,其中包括:"我可以跟我 9 岁的孩子讲詹姆斯·韦伯太空望远镜的哪些新发现呢?"一些观察家很快注意到,聊天机器人的回答之一"太阳系外行星的首批照片"根本不是事实。最早的系外行星图像可以追溯到 2004 年。[14] 一千亿美元的市值瞬间化为乌有。[15]

任何使用过 ChatGPT 或类似生成式人工智能系统的人都遇到过"幻觉"问题。虽然这些技术无疑令人印象深刻,但它们很容易做出虚假论断、编造引文,或者犯错和撒谎。观察人类状况的人很快就会指出,人类也会这样做——但存在着固有的差异性。无知、傲慢、愤怒——人类错误的原因无穷无尽,其中许多都与我们的生物弱点有关。然而,人工智能的原罪可以追溯到它的训练数据。人工神经网络通过处理大量信息来学习,目的是猜测序列中最可能的数据点。[16]对于 OpenAI 的 GPT 系统而言,这意味着要利用互联网上大量不一致甚至不稳定的内容对其进行训练。

设想一个人工智能系统的程序设定为预测一句话中的下一个单词。它会接收大量数据,最初输出的是胡言乱语。但每次尝试预测下一个单词时,它都会调整其隐藏层级中相互连接的节点之间的连接方式,从而逐步提高其预测能力和性能。

这种学习过程明显不同于生物神经网络,尽管两者的工作原理都非常神秘莫测。我们对人脑的了解还远远不够,甚至一些研究人工智能的计算机科学家也承认,他们并不完全了解某些过程是如何工作的——他们根本无法追踪拥有数十亿连接的模型中发生的事情。[17]但我们确实知道,这个过程会产生一个通常令人印象深刻的预测模型,能够基于已知进行推断。然而,它完全无法"确定未知的或从未见过的事物"。[18]与人类思维不同,人工智能没有语境理解能力。

不可否认，这种情况正在发生改变。人工智能系统在解释语境时会遇到麻烦，因为人工智能系统并不存在于可变的、具象的宇宙中。然而，人工智能系统越来越多地使用传感器和机器人来跨越数字和物理环境。最先进的系统现在正在接受音频、视频甚至触觉输入的训练，因此它们能在城市街道、工作场所和家庭的现实中运行并从中学习。但它们还不能体验到人类生活的感官世界，以及其无限的情境和社会背景。而且由于它们无法充分体验活生生的社会和情境环境，我们还无法开发出一个全面的人类世界模型。

我们已经看到，当学习者在现实生活中将他们的知识付诸实践时，他们会深化专业知识，并提高核心认知能力、催化认知能力和创造性认知能力。在任何职业中，这些都是宝贵的优势，但在一个经济体中，当人工智能掌握了人类知识语料库，并在某些领域能够高效地完成那些具有大学毕业生水平的人才能完成的工作时，那么职业的真正价值是什么？在一个对于许多工作任务而言"智力的边际成本"正在降低至零的经济体中，人类认知的价值是什么？[19]体验式学习如何赋予人类超越生成式人工智能的竞争优势？

答案很简单：当前的人工智能系统仍然局限于语言、数字和图像（即数据）领域，而人类则通过感官机制在世界中运作，在三维空间中穿梭。GPT-4的现实模型非常适合编写复杂的文本，但它始终会受到输入的数据集限制。就像田园诗般的大学校园仍然是一个有限的学习环境一样，人工智能训练的信息池也必然是有限的。人类和所有生物一样，都沉浸在无尽的感觉数据中。具体的物理世界赋予了人们对它产生理解的能力，这是任何人工智能都无法企及的。这种情况似乎不太可能很快得到改变。研究人员尚未弥合数字云与无限世界环境之间的差距——因此，很难生产出一辆性能优良的自动驾驶汽车。尽管一些计算机科学家认为人工智能正向通用智能飞速发展，但它在一些我们人类认为理所当然的简单任务上却可能表现得不尽如人意，比如正确地进行人脸识别。在美国公民自由联盟进行的一项著名实验中，一个人工智能工具错误地将新英格兰几位职业运动员的照片识别为被拍摄过面部照片的犯罪嫌疑人。[20]更糟糕的是2015年臭名昭著的谷歌照片应用程序案，由于对数据进行编码的是名种族主义者，程序把黑人图像错误地标记为"大猩猩"。这是一次令人尴尬的失误，出于对人工智能再次屈服于种族主义控制的担忧，许多人工智能公司已经禁止其软件识别灵长类动物的图像。[21]在涉及基本常识的判断中——更不用说涉及种族、偏见和包容性等敏感话题——生活在现实生活中的人已经拥有人工智能算法不可逾越的优势。

实用性是将学习置于生活情境中的另一个理由。让学习者沉浸在工作场所中，锻炼了他们的批判性思维、解决问题的能力、沟通和协作能力以及文化敏捷性。具有挑战性的职业环境将考验学习者独立自主、自力更生的能力，对风险的接受能力以及灵活适应的能力。虽然生成式人工智能系统不断发展，有朝一日可能会推出自己的金融咨询服务，或者在无人提示的情况下制作出获得一亿个赞的原创视频，但目前为止它们还没有做到这一点。机会识别、创造性发明（creative innovation）和未来导向仍然独属于人类的认知能力范畴。体验式学习让人们肆意驰骋。

情境学习不仅拓展了人类思维，还拓展了人类思维模式，锻炼了我们的催化认知能力，如主动性、风险承受力和适应性——这些正是人工智能所缺乏的品质。根据心理学家卡罗尔·德韦克（Carol Dweck）的说法，人们要么以"固定心态"应对情况，要么以"成长心态"

应对情况。具有固定心态的人把不利环境视为障碍。在这种心态下，人们认为他们的能力是固定的、不可变的。他们的思维是僵化的：你要么聪明、外向、擅长数学，要么不是。陷入这种心态的人倾向于相信环境是一道无法突破的障碍。他们认为伟大的艺术家、运动员和学者天生如此，或者有幸运加持。这是一种有局限性的观点，因此限制了人们的潜力。

具有成长心态的人相信，他们可以改变自己所处的环境，哪怕只是他们自己的思维环境。个人品质是可变的。从这个角度来看，逆境不是消极的环境，而是学习和进步的机会。例如，你可能不是特别外向，但你可以选择在鸡尾酒会上站出来做自我介绍；你现在可能不擅长数学，但你可以继续练习微积分。

具有成长心态的人认为天赋和环境不是固定的，而仅仅是进步的起点。他们坚信可以通过努力和勤奋改变自己的能力。他们变得自力更生。这显然有助于将挫折转化为未来的成功，尽管具有这种心态的人并不会把成功单纯地等同于获胜。对他们来说，任何情境的真正价值都在于学习的机会。

换句话说，具有成长心态的人认为，原则上，情境、背景和个人学习状态本身并没有好坏之分。它们的价值在于我们如何看待它们。成长心态对于培养批判性思维至关重要，因为它要求学生将他们的思维之网撒向广阔且通常未经探索的水域。它是一个人最终具备防御人工智能的能力的关键——让他成为自我导向的终身学习者（我们将在下一章探讨这一角色）。

德韦克发现这种心态也是其他事物的基础。"在一项对143名具有创造力的研究人员的调查中，"她写道，"大家就获得创造性成就的首要因素达成了广泛共识：它正是成长心态所产生的那种毅力和韧性。"[22]实际上，我们在之前关于发散性思维与聚合性思维的讨论中已经瞥见了这一点。那么，随之而来的问题是，你如何教会学生识别自己何时陷入固定心态，原地踏步，以及什么样的精神力量能把自己推回成长心态的正轨？

课堂教学可以提供帮助。有证据表明，只要向学生指出心态的概念，他们就会注意到它并努力做出改变。但要真正锻炼成长心态并培养创造力，学生必须体验并使用这种心态。他们必须边做边学。

体验是超越理性学习的催化剂。通过体验不同的情况和环境，我们触发自己的情绪，挑战自我的信念，并测试自身的思维结构。这些几乎潜意识的思维元素刺激了我们的思维成长——而这些潜意识元素还没有被人工智能的神经网络模仿。人工智能中的深度学习是通过识别数据中的模式来实现的。人类的体验式学习是通过接触整个环境来实现的。其影响就像暴雨扫过林地或水流过河床一样复杂和不可估量。

合作学习

对于大学生来说，体验式学习最直接的形式之一就是合作学习。这种教育模式以学生为中心，将课堂学习与持续的、全日制的专业工作环境交替进行，然后将两者结合起来。这通常被称为"合作"（co-op），是高等教育机构长期以来一直采用的一种教学方法。它最初是由建筑师、工程师和教育家赫尔曼·施耐德（Herman Schneider）提出的，他在1903年加入辛辛那提大学后不久首次创立了这种模式。几年后，我领导的美国东北大学也采用了这种模式。随着时间的推移，采用合作模式的诸多大学已经开发出强大的制度体系来支持这种学习模式，并将其整合到学术院系和课程内容中。建立和维护这种合作模式并非易事。

美国东北大学的合作模式之所以得以建立，要归功于100多年的刻意培养、学习科学的进步、反复试错、意外发现和艰苦努力。当它在20世纪的头十年刚起步时，就为初出茅庐的汽车机械师和电气工程师提供工作体验。今天，它已经是一种成熟的体验式学习模式，包括与全球近150个国家的大约3000家雇主建立合作伙伴关系——偶尔在南极洲也提供实习机会。

这种全球性的特点是合作项目成功的基础。我们相信，教育学生了解世界——并最终改变世界——的最好方法是让他们沉浸其中。因此，我们给学生提供尽可能多的机会，让他们在不同的国家、公司和机构中生活、学习和获得专业体验。通过让我们的学生沉浸在不同的文化中，在不同的专业环境中证明自己，面对不同的问题、不同的挑战和对社会问题的不同理解，我们的学生在理论知识与生活体验方面不断来回切换。他们对自以为已经理解的东西提出质疑，对世界、对他们正在学习的科目，以及对他们自己都有了更深层次的认知。他们发现自己喜欢什么、不喜欢什么，发现自己擅长什么、不擅长什么，更好地理解了人类家庭和人类体验的多样性。当他们从合作项目回到大学中时，他们会将所有这些体验应用到后来的学术学习中。

合作项目通常持续六个月，之后学生返回学校。由于东北大学大多数本科生都会完成多个合作项目，因此项目必须适合各种各样的学科专业。一些学生寻找与他们所学专业紧密相关的合作项目，例如，商科专业的学生在金融服务公司从事合作项目。还有些学生则寻找处于其研究领域前沿的合作项目，例如，健康科学专业的学生寻找"个性化医疗"护理模式的医疗中心正在进行的合作项目。还有些人选择的合作项目与他们的研究领域差异较大，例如，设计专业的学生选择与 NASA 合作。他们这样做可能纯粹是出于好奇心和对学习的热爱，或者是因为他们对自己的专业和合作项目的领域相关性颇感兴趣。

研究、面试和参与合作项目的过程可以帮助学生们决定他们想要学习什么专业或从事什么职业。一些学生参加了某个领域的合作项目后，会发现原以为想学习的专业或从事的职业并不适合他们。还有一些学生想成为新兴的企业家，利用合作项目来了解他们想要创业的领域,一旦他们的合作项目完成,他们就着手开始创业。

大多数大学都设有就业服务办公室,学生在毕业前的一两年会拜访它。对于东北大学的学生来说,职业生涯通常从他们大二开始,大学会为他们指派一名个人合作项目协调员。协调员来自一个庞大的专职员工网络,发挥着三重作用。首先,他们提供指导,帮助学生寻找符合他们兴趣和职业抱负的合作项目,确定工作中的学习成果,并在项目完成后对他们的体验进行富有成效的反思。学生必须申请合作项目并被该项目录取,但并非所有学生都会被他们申请的项目录取。当学生在准备申请另一个机会时,这本身就为学生提供了一种评估和反思的学习体验。

其次,协调员与雇主合伙人建立合作关系,从财富500强公司到聘用单一雇员的初创公司。与他们合作能确保合作项目的体验对学生员工来说是有意义且高质量的。同样,他们通过向学生明确公司或企业希望学生提供的可交付的成果和结果,确保学生为雇主提供价值。如果学生准备不足,表现不佳,可能会毁掉未来合作的机会,因此协调员会竭尽全力为获得好的结果铺路。

最后，协调员会教授预备课程，让没有经验的学生为职业生涯做好准备。在大学一年级时学生已经融入大学生活，并掌握了相关学科的基础知识，在大学二年级时他们需要掌握一些实用技能，例如撰写简历和参加求职面试，磨炼自己的职业兴趣和职业目标，以及制定求职策略。通过课堂练习，他们还将了解正念学习的原则，以便以开放的心态进入合作项目。这样做的目的是让学生在进入合作项目的专业环境时，清楚地了解他们在那里的体验将如何与课堂学习联系起来，并对他们希望实现的目标有一个清晰的认识。

新合作项目的职位空缺会在平台上发布以供学生们搜索，学生可以通过常规的求职信和面试流程来申请项目。在学生找到适合自己的工作后，合作项目协调员会与他们一起明确工作职责和学习目标。通过将课堂学习应用到工作场所任务中，参与合作项目的学生通过反复训练学习迁移来巩固他们的认知能力——核心认知能力、催化认知能力和创造性认知能力。此外，他们还会体验到自己行为的切实后果。在课堂环境中，准备不足或未能提前三步思考可能会导致测验不及格或实验失败；在工作场所，这可能会突破底线，更不用说影响成年人的生活和事业了。

学期结束时，学生们回到校园，与同学们分享自己在合作项目中生活、学习和工作的体验，撰写分析他们体验的论文，并在小组讨论中分享他们的故事。这种汇报是该教学模式的重要组成部分。它帮助学生有意识地将他们在专业环境中所学的知识以及在更广阔的世界中学到的本领融入到他们的课堂学习和校园生活中。

归根结底，合作项目与实习的区别就像西方叙事诗与日本俳句的区别一样。合作项目模式将学生置于深入和持续学习的中心，赋予他们目标。在经历合作项目后，学生可以更好地了解他们的学科、专业工作场所的节奏和细微差别以及他们生活和工作的世界。最重要的是，他们将更好地了解自己。

还有令人信服的经验证据表明，合作项目可以帮助学生发展各种高级技能，使他们防御人工智能的能力更强。几年前，东北大学对25个行业的1000名雇主进行了一项科学设计调查，涵盖制造、科学技术、金融和保险等行业。有些雇主雇用了东北大学的应届毕业生（他们都完成了合作项目），而有些雇主则没有。然后，我们请雇主对应届毕业生所掌握的技能做出评价。结果令人大开眼界，充分展示了体验式学习的效果。例如，在9项高阶技能（包括批判性思维、分析推理、解决问题、获取和处理信息以及与不同群体合作等）方面，雇主对东北大学毕业生的评价明显高于对其他高校的毕业生的评价。同样，在另外11项特质方面（包括领导力、主动性、团队合作、灵活性、学习意愿和创造力等），雇主对东北大学的应届毕业生的评价又一次远高于对那些可能没有参与过合作项目或没有体验式学习机会的人的评价。在统计上所有这些差异都具有显著性。[23]

因此，雇主们强烈支持高校采取合作项目和体验式学习模式也就不足为奇了。最近一项针对全美大学和雇主协会（NACE）雇主成员的调查显示，雇主们都非常关注"通过实习和合作项目提前发现人才"，其中94.9%的人表示这"非常"或"极其"重要。[24]此外，在东北大学对公司高管和商界领袖进行的一项全国性研究中，近一半的人表示，学习新技能和行业相关能力是新员工在工作头五年里的首要任务。[25]因此，像合作项目这样的学习模式发生在一个人加入全职专业劳动力队伍之前，为其提供了显著优势。

当然,与每一种面对面的学习模式一样,合作项目的正常进行被新冠疫情严重地扰乱了。在此危机期间,许多学生岗位完全远程化。有些岗位消失了,再也没有出现,还有些新机会产生了。在经历了多年的远程和混合学习后,今天的大学生在数字环境工作中如鱼得水。在2020年初的疫情造成的混乱中,许多合作项目学生带领他们的工作场所过渡到了远程和混合工作模式,在适应新技术方面远胜他们的长辈。[26] 随着经济业态中生成式人工智能的普及,对技术变革的适应能力将对这些学生大有裨益。

合作项目模式本身也将越来越有价值。随着人工智能聊天机器人被引入日常工作流程,需要复杂推理和沟通的任务将比过去简单,对人力的需求量也在越少,从而大大提高了对员工的工作效率的需求。因此,雇主将不再强调员工应拥有特定技能,而更看重他们如何高效地部署工作,以实现决策、战略和关系等目标——而经验恰恰在这些领域发挥着重要作用。人工智能有效地缩小了技术差距,但可能会扩大经验差距。

这将对入门级工作产生深远的影响。有了人工智能,初级员工将专注于更高层次、更高价值的工作。因此,人们将期待成功申请到这些职位的人已经拥有一定经验，从而提升了职业阶梯的最低门槛。我们已经在就业市场上看到了这种现象。甚至在生成式人工智能出现之前，金融行业43%以上的入门级职位要求至少三年的工作经验；在软件和IT服务领域，这一比例超过60%。[27]因此，作为获取某个行业专业知识的工具，合作项目将变得更加重要。

东北大学受益匪浅，它采用了前辈们在100年前建立起来的应用学习方法的基础框架，并将其发展为全球体验式学习模式，为学习者提供了独特的广度和深度。但所有高校都有机会利用体验式学习的元素。

创业经历在这方面尤其有效，因为它们能产生可衡量的结果。在适当的条件下，创业教育可以完全融入校园生活，大大扩大其教育范围。一项研究表明，在工作场所，同事之间会相互影响，发现机会并采取行动；办公室里一起工作的企业家越多，他们的同事就越有可能对此产生浓厚的兴趣。[28]一项针对斯坦福大学校友的研究发现，"拥有不同工作和教育背景的人比那些在工作中专注于一个角色或在学校专注于一个学科的人更有可能创办自己的企业"。[29]

为了培育创业文化，高校需要为学生提供广泛的体验机会供其选择，并让他们广泛接触不同的理念。在结合学术规划、住宿生活、学生团体和校友资源方面，高校具有独特的优势。因此，高校有机会充分利用学生对创业的浓厚兴趣。学生经营的创业孵化器，例如我领导的大学里的 IDEA，可以带领学习者完成创办初创企业的全过程——从创意生成到业务规划，从开发、投资再到实施等阶段。

假设有一位年轻的工程师兼企业家，他想设计一种特殊的涂层，通过驱除细菌来保护植入式医疗设备及其使用者。这位学生将这个想法带到创业孵化器，在那里，生物化学专业的同学帮助这位学生评估该涂层（在生物层面）在设备和人体组织之间产生的相互作用，商学院的同事可以帮助这位学生研究产品的目标市场并制订商业计划，而设计专业的学生则可以帮助设计该产品的品牌标识。这位学生还可以与健康产业和风险投资领域的校友导师取得联系，他们将就产品发布、领导力甚至资金支持等问题提供建议。同时，该校老师会从学术角度提供监督和建议。

全球体验也会因学生的学习环境发生根本性转变而

丰富教育资源。通过脱离校园的受控环境，进入更广阔的现实漩涡，学生的体验式学习将大幅加速。同样重要的是，与不同文化背景的人进行持续的互动和观察可以培养学生的文化敏捷性。它让学生有机会了解特定文化的知识、阅读背景信息、权衡各种反应的利弊得失，并学会如何以巧妙的方式来实现整合、适应或改变境况的最佳效果。例如，一个在纽约银行工作了六个月的学生可能掌握了一些国际金融方面的知识，但如果他在香港的银行工作，他还要学会如何应对去杂货店购物、与讲粤语的人交流，以及乘坐天星小轮前往九龙等挑战。在陌生的环境中畅游，他们将锻炼思维灵活性和创造性解决问题的能力。

合作教育在行动

要了解合作项目和体验式学习如何转化为培养人类，让其具备防御人工智能的能力，请参考一下杰姬（Jackie）的例子。她是东北大学的应届毕业生，主修环境科学，辅修可持续商业实践和国际事务。在最初加入马萨诸塞州清洁能源中心研究投资合作项目后，她决定"弃文从农"，用叉子和泥铲取代会计电子表格和 PowerPoint，进入哥斯达黎加的永续农业农场。杰姬（在纽约州扬克斯这座中型城市长大）说："那是一个非常偏僻的乡村。我们周围三个城镇加起来大概有 70 个人。"[30]

杰姬所属的国际团队负责重新种植从未开垦的山坡。"为了设计一个项目，大部分工作都是要弄清楚如何与他人合作。"她说。杰姬与团队成员合作，制订了一个间作计划，让姜黄和柠檬草等植物共生，以避免耗尽土壤的肥力——这对她的合作项目来说也是一个恰当的类比。"这对于学习人际关系的动态变化很有价值，"她说，"关键是解决与你一起生活和工作的人们之间的冲突。"

她的下一个项目是与一家太阳能公司合作。杰姬运用自己的文化敏捷性，召集了利益相关者——公用事业公司、土地所有者、城镇许可和规划委员会、律师等——共同开展太阳能项目。"在社区建设、沟通和建立关系方面要做大量的工作。"她发现，在哥斯达黎加的经历让她能理解那些农民的心情，他们担心新的太阳能电池板会干扰自己的营生。"当你以开发商的身份来做这件事时，你会主张让电池板尽可能大或尽可能密集，以产生最多的能源。"然而，农民们担心设备会降低他们的草莓收成。"我知道他们在说什么，"杰姬说，"这种理解让我处理问题时能够更加灵活和富有创造力。"

灵活性、适应性和创造性是企业家的标志，主动性和独立性也是如此。计算机科学和金融专业的班尼特（Bennett）运用了所有这些能力来创建自己的自雇佣合作项目。在东北大学教职员工的帮助下，他和另一名学生创办了一家初创公司，为希望在"Web3.0或不同的科技公司"工作的学生和职场人士开设教育训练营，他说："这基本上是一家外包的教育公司。训练营提供为期六到八周的课程，可以让人们适应不同的工作岗位。"[31] 在很短的时间内，这项业务就获得了可观的收入。或者说，直到生成式人工智能技术出现以前，它的收入都非常可观。

"不幸的是，我们的业务被人工智能替代了。"班尼特说，"大公司通过 Zoom 等在线平台，自动取代了我们之前面授教师的所有工作。"当然，适应性是一种宝贵的认知能力，机会识别也是如此。因此，在下一个合作项目中，贝内特又回到了创业的轨道上，但这次是与一家风险投资工作室合作，使用人工智能聊天机器人实现在线内容构建和营销。

政治学和国际事务专业的麦肯齐（Mackenzie）也在波斯尼亚和黑塞哥维那的有组织犯罪和腐败报道合作项目期间锻炼了她的思维灵活性和适应性。她被指派监测巴尔干半岛和欧洲及中亚等一些地区的每日新闻，寻找符合该组织履行打击犯罪使命的故事。如果发现一个有趣的故事，她可能会被要求写一份简报。但首先她必须研究它的真实性——这就要与来自不同文化背景的人交谈，而它常常不是一项简单的工作。"有了互联网，你永远不知道你能相信什么。"麦肯齐根据自己的观察，含蓄地指出了人工智能的一个根本弊端，"我要打电话给新闻机构，然后说：'嗨，你们机构里有人会说英语吗？你能告诉我发生了什么事吗？'"[32]

机器思维——也就是谷歌翻译——为麦肯齐的工作提供了便利。但它无法帮助她确定一个故事是真实的还是完全捏造的。人工智能系统可以轻松地汇总新闻报道、翻译这些报道并提供背景分析，但很难衡量它们的价值。在这个重要的方面，麦肯齐具有竞争优势。

"你必须小心，如果你误解了某件事，却重述它，那么你就是在散布谎言，我们就会失去信誉。"她说，"此外，诽谤他人是违法的。"这个想法正在得到验证。在我撰写本书时，美国联邦贸易委员会（FTC）正在调查ChatGPT是否会因生成虚假或误导性陈述而将人们的声誉置于风险之中。麦肯齐的经历强调了数据素养的重要性，也强调了在日常读取信息时拥有批判性思维的重要性。这无疑是一项艰巨的任务。我们只需看看社交媒体信息，就能发现人类对经验事实的了解很模糊。随着聊天机器人技术的出现和一些坏人的恶作剧，我们正在步入一个充斥着虚假新闻、垃圾邮件和恶意宣传的形势严峻的新时代。

教育旨在赋予人们做出合理判断的能力。通过实践文化敏捷性，我们可以在体验新文化和新情况的过程中培养自己的洞察力和智慧，并磨炼对细微差异和相关性的敏感度。接受性思维和适应性思维也是同理心的源泉——当时代冷酷无情、急剧变化时，同理心就变得非常重要了。例如，主修金融和政治学的玛丽（Mary）在瑞士日内瓦的联合国总部呆了五周，研究裁军外交。"我见到了许多不同国家的驻联合国代表，"她说，"人们致力于制定在某些地区使用或清理地雷的相关法规。比如柬埔寨的一些地区有埋藏了几十年的地雷，人们因此遭受了严重的伤害，一些人的腿或胳膊被炸断。"[33]

玛丽沉浸在这些难题中，这促使她开始从事一项关于人权、国际法和自主机器人武器使用的研究项目。"实际上，没有人对是否要扣动扳机来攻击另一个人做出决策，甚至没有任何验证系统。研究这个真的是一次很有启发的经历。"通过与那些直接受到影响的当地人会面（这些悲剧往往只出现在新闻中），玛丽受到启发，开始更深入地研究这些在法律层面纷繁复杂的，同时在道德上又十分微妙的问题。她探索出了这样一种观点：虽然我们中有些人担心技术会威胁自己的生计，但另一些人却真正地心怀恐惧，他们面对的是由人工智能决定生死的问题。

技术的使用在道德层面的问题也是工程专业本科生斯米特（Smeet）最关心的问题。在他的第一个合作项目中，他为通用电气公司工作，负责军用喷气式发动机的燃烧室，他走上了制造工程师的既定道路。这段经历让他意识到，他真正的兴趣在于机械设计的开放领域，因此他转而进入了第二个合作项目，在特斯拉的自动驾驶仪和产品开发团队工作。虽然他在大一的"工程基础"课上学习过伦理学，但正是在硅谷的帕洛阿尔托工作期间，他亲自参与了解决技术创新引发的伦理问题。

"伦理问题被多次提及，特别是在他们追求增加自动驾驶的覆盖率时，"他说，[34]"当特斯拉推出半挂卡车时，这样的对话有很多，比如'卡车运输是美国最大的职业工种之一。如果实现自动化，这将是对该行业的一次巨大变革。这是否符合公司的最佳利益？国家的最大利益？普通民众的最大利益？'——这些问题在许多季度会议上反复出现。"

在特斯拉工作期间，斯米特再次评估了自己的道路。通过锻炼创造性发明和面向未来的认知能力，他对自己做出的"推动世界成为一个对每个人来说都更清洁、更安全的地方"的承诺进行评估，结合了自己对新发现的热情，以及当初想要学习工程学的初衷（"许多工程师都专注于可持续发展的使命和推动人类进步"）。通过自我认知的深化，他决定报名参加多门物理课程的学习，并在麻省理工学院等离子体科学和聚变中心参与一个合作研究项目。

评估体验

无论是通过合作项目、全球体验还是课外体验，高等教育中的体验式学习旨在打破课堂与其他生活情景之间的隔阂。学习无处不在，因此教育工作者必须帮助学生从自身的经历中成长，无论这些经历发生在何处。为此，我们需要考虑学生如何将隐性甚至无意识的学习机会转化为明确的学习成果。

其中一种方法是绘制学生在学习生态系统中成长的轨迹。这意味着课堂成绩只是评估他们发展状况的一个方面。教育工作者还将跟踪学生在新读写能力和认知能力方面的进步，无论他们在哪里练习这些能力。例如，一名自愿作为弱势女孩导师的学生有机会显著提高自己的人文素养和文化敏捷性。如果一个学生在校园杂志上发表文章，他可以提高批判性思维和创造力。在整个大学期间，每节课、每项活动和每段经历都有可能促进学生们的全面发展。

在日常生活的细节中，有如此多的学习机会，以至于试图量化它们似乎是徒劳之举。教育工作者可以记录学生的合作项目、出国旅行，甚至他们的健身课程，但他们不会全天候跟踪学生，而且很难想象如何在整个学习生态系统中对学生的学习情况进行评估。他们在学生中心参加了鼓舞人心的政治活动？或者在宿舍公共休息室吃完比萨后爆发了一场关于商业和环境监管的辩论？这些都是微观的学习体验。如果学生在学习发生时意识到自己的学习收获，并记得在之后的课程中进行反思，那么他们可以从中受益更多。作为完成合作项目后的反思练习，东北大学的人文和社会科学学生们制作了海报，解释雇主的使命、工作职责、他们练习的技能以及从体验中获得的见解。这些海报会在之后的年度博览会上展示，人们会庆祝从这些体验中获得的经验。

最好的老师就是生活本身。通过创新方法，大学可以找到利用这种力量的新途径。然后，我们的毕业生将准备好应对生活中的所有挑战。

终身体验式学习

在本章中，我们探讨了体验式学习所催化的人类学教育如何培养学生，使其具备防御机器人和人工智能的能力，这使其成为通往光明未来的最可靠的途径。然而，本书开篇提到的一个事实仍然存在：人工智能系统正在改变我们的工作和生活方式。机器在前进，而且速度越来越快。

就像我们的设备需要定期更新软件一样,我们的生物大脑也要如此。技术进步的一个根本结果是,人们需要改变他们的信念,不再认为高等教育只会在人生的一两个关键时刻发生,而要接受高等教育是一个终身学习的过程。

有些学习者的学习时间充裕但经验不足,因此本章中阐述的方法将惠及他们。还有些学习者学习时间短但经验丰富,所以我们必须在他们现有的工作中和机构内为他们创造学习机会。时代的现实要求我们重新定义学生和校友的概念。为此,大学必须在现有的高等教育架构的基础上,创造一种超越当今在线课程和课后项目范围的终身学习的新模式。

高等教育和我们所有人一样,必须学会适应。

第五章 终身学习

英国历史学家阿诺德·汤因比（Arnold Toynbee）在《历史研究》中指出，文明与个人一样，只有以创造性的方式成功应对挑战，才能蓬勃发展。面对人口增长和生存手段有限的局面，古代雅典通过发展商业贸易和建立民主制度实现了存续。[1]但是，当文明停止以创造性的方式应对新挑战时，进步的车轮就会脱轴。在伯罗奔尼撒战争后苦苦挣扎的雅典无法找到应对马其顿崛起的方案，这使雅典不再是一个独立的强国。没有创新，社会就会衰落，最终走向毁灭。

汤因比的观点是，衰落本质上是一种文化的失败——一种故意的停滞不前，他将其描述为"扼杀的创造力"。历史上到处散落着无法适应环境的社会的化石，就像地层中的恐龙或剑齿虎。历史学家贾里德·戴蒙德（Jared

Diamond）进一步阐述了汤因比的告诫，他描述了格陵兰岛的维京人定居点在灾难性的气候变化面前如何坚持文化习惯。尽管经历了严寒的冬天，他们却未能重塑自我，任由自己沉没在历史的尘埃里。[2]

现代高校是有史以来人类文化最充分的表现形式之一。作为培养心智的沃土，它们是前所未有的；作为知识的温室，它们是无与伦比的。它们也许是人类有史以来最有效的推动智力进步的机构。尽管如此，如果高校不能创造性地应对它们面临的挑战，它们也将枯萎，变得无关紧要。

今天的大学是在规定时间内提供标准化高等教育的理想引擎。这种机制能为学生提供深入但有时非个性化的知识获取途径。它的文化由该机制的目标和形式塑造，由学科部门、学位和院系推动。高校在工作中一度表现非常出色。问题是，在21世纪，随着人工智能的崛起，我们需要它承担更多的责任。

在前几章中，我指出人工智能正在彻底改变全球经济，并将颠覆社会的方方面面。如果我们的工作、繁荣和幸福之路有了新的方向，那么教育也必须紧随其后。

因此，大学有机会通过开发课程来应对不断变化的现实，同时也要调整其运行机制。它们有机会更新其结构组件。换句话说，我们可以——也许应该——将大学的引擎拆开，只剩下框架，然后重建它。

如果高等教育要继续履行服务个人和社会的使命，我们就有义务拿起扳手和螺丝刀。美国和世界各国的人口结构变化带来的威胁可能会导致本科生数量大幅减少，即使不至于消耗殆尽。[3]与此同时，人口结构正在老龄化：到2030年，地球上六分之一的人将年满60岁或以上。[4]

与所有变化一样，这既是挑战，也是机遇。虽然18岁学生的流失可能会导致大学教室空无一人，但成年人群体却在晚年过着丰富多彩的生活。大学不仅要为学生在成年早期的四年里提供教育服务，并附带一段研究生阶段的学习，而且还必须找到方法来满足这些活跃公民（作为持续学习者）的需求。

根据哈佛商学院数字化再培训实验室和波士顿咨询集团亨德森研究所2023年的研究结果，工作技能的平均半衰期不到五年。[5]在某些技术领域，这一时间缩短至两年半。前几章探讨了生成式人工智能如何在知识工作能力方面实现跨越式发展，淘汰过时的技能，甚至可能淘汰整个白领工作类别。与此同时，这些技术将催生新的工作和新的行业，而这些工作和行业将需要人们学习更高阶的本领。因此，随着机器的进步，寻求有偿就业的人将需要不断地重新调整、更新和提高他们的知识和技能储备。

合乎逻辑的结论是，为了在人工智能经济中占据一席之地，终身学习将成为越来越多成年人的当务之急。面向这一目标的学习模式将既为那些时间充裕但经验不足的人（即应届毕业生）提供教育服务，同时也兼顾那些时间不足但经验丰富的学习者（即经验丰富的专业人士）。因此，高等教育——更不用说学习者和雇主——要将终身学习作为工作的重点，并将从中受益。当城市和地区在争夺新兴高科技产业带来的经济暴利时，大批受过新兴高科技教育的劳动力所居住的城市将是赢家。通过与各个机构密切合作，根据城市或地区的特定需求定制课程，大学可以帮助它们填补人才缺口、建立就业渠道、创造未来的劳动力，从而推动经济进步。

终身学习的卑微开端

从许多方面来看,终身学习的兴起是以过去为序章的。在上一个技术变革激烈的时代——工业革命前和工业革命期间的几年——大多数人没有机会获得大学学位。然而,他们通过各种类型的终身学习来应对时代和工作环境的变化。

例如,1831 年,查尔斯·达尔文(Charles Darwin)乘小猎犬号启航,与南美洲的生物开始了著名的邂逅,同年另一位名叫艾萨克·皮特曼(Isaac Pitman)的年轻英国人获得了教师资格证书。皮特曼是一位终身教育家,和他更出名的同时代人查尔斯·达尔文一样,他对生命与时间的关系有着独特的看法。达尔文考虑的是世代相传的自然选择,而皮特曼则喜欢说"节省时间就是延长生命"——他通过发明一种语音速记系统来践行这一信条。它被称为"皮特曼速记法",成为了英语世界最受欢迎的转录语言。它目前仍然是英国使用最广泛的语音系统。

皮特曼系统的迅速传播和流行并非偶然。为了接触那些不住在巴斯市他家附近的学生,皮特曼利用了一项新发明的技术——标准邮票。他将练习册邮寄给那些订阅课程的学生，在退回的册子上改正他们的错误进行反馈。[6]这种远程教学和反馈的模式是世界上第一个远程学习课程。

自从皮特曼首次利用廉价可靠的邮政网络以来，远程教育就成为了终身学习的主要方式，尽管它绝不是实现这一目标的唯一方式。例如，在19世纪初的伦敦和波士顿，博学的绅士们联合起来成立了实用知识传播协会，为平民提供教育讲座和出版物。波士顿小组主办了多场演讲，演讲主题包括丹尼尔·韦伯斯特（Daniel Webster）的《大众知识的进步》（*The Progress of Popular Knowledge*）和奥利弗·温德尔·霍姆斯（Oliver Wendell Holmes）的《顺势疗法及其相关错觉》（*Homeopathy, and Its Kindred Delusions*）。[7]1836年，波士顿慈善家小约翰·洛厄尔（John Lowell Jr）留下了一大笔遗产，用于举办富有教育意义的公开演讲。这是洛厄尔学院的基础，几十年来，洛厄尔学院催生了一系列教育机构，包括公共广播电台、哈佛大学推广学院和我自己所在大学的洛厄尔学院。[8]直到今天，洛厄尔学院仍在为那些已经接受部分大学教育的学习者获得学位提供帮助。这是历史悠久的通过终身学习解决不平等和拮据状况的又一篇章。

早期的终身学习形式也源于道德教育和更世俗的教学使命。1844年，乔治·威廉姆斯（George Williams）——曾是一位流离失所的农民，正在学习如何应对现代伦敦的危险和诱惑——创立了第一个基督教青年会（YMCA），以促进不断壮大的新城市居民去学习《圣经》，增强社会凝聚力。[9]几年后，托马斯·瓦伦丁·沙利文（Thomas Valentine Sullivan）将该机构带到了波士顿。不久，基督教青年会开始教移民英语，作为他们的第二语言，帮助他们缓解因离开故土来到新世界而遭受的动荡和变化所带来的不适，并为梦想获得更高薪水和更好生活条件的工人提供职业课程。在所有这些情况下，终身学习都是那些经验丰富的工人适应不断变化的环境的一种方式。

达尔文和皮特曼生活在一个技术和社会发生巨变的时代，他们的职业生涯本质上都深受进步思想的影响。在航行中，达尔文通过观察物种为适应环境的变化，将有利于生存的特性传给后代，开始形成自然选择理论。例如，他注意到一些加拉帕戈斯群岛的雀类的喙具有特殊的形状，这使它们在获取特定食物时具有优势。与此同时，当达尔文思考他的理论时，皮特曼的函授学习的学生们正在学习一项宝贵的办公技能，使他们能够在英国和美国现代工业城市迅速扩张的环境中更好地生存。在竞争体系中，教育可以带来平等。

但是，尽管雀类可以遗传基因，让它们拥有长喙，以便钻入仙人掌的果肉中，人类却无法遗传如何速记的基因。相反，我们通过接受教育来实现进步。这就是为什么当我们讨论今天许多人所说的第四次工业革命时，终身学习再次变得和上一次一样重要。

对终身学习的需求

高等教育在为年长和非传统学习者提供服务方面拥有丰富的经验。在 2024 年就读美国高校的 1925 万名学生中，有 630 万人年龄在 25 岁或以上。[10]因此，三分之一的美国学生年龄超过了通常被视为"传统"的大学年龄。这些学生中的许多人都就读于美国 1000 多所社区学院。[11]几代以来，这些学院一直是让高等教育的承诺惠及美国社会最弱势和最缺乏服务的群体的旗手，在这些群体里就有终身学习者，例如来自倒闭工厂的员工、来自教育体系欠发达国家的新移民或未完成高中学业的单亲父母。当然，弱势群体中还包括那些因技术变革而受到威胁的人。这使得社区学院的使命变得更加重要——为学生提供获得四年制学位的渠道，并教授以职业为导向的技能，是它们实现这一使命的传统方式。这种需求量显然很大：每年在美国，约有830万名学生就读社区学院。[12]

然而，潜在的终身学习者的人数要比这多很多。2015年至2050年间，全球60岁以上人口的比例将几乎翻一番，从12%增至22%。[13]美国的老龄化速度比许多其他国家更快——2020年至2030年间，65岁或以上的美国人口数量将增加1700万，从总人口的17%增至21%。[14]然而，尽管高中毕业的人数减少，退休聚会增多，但美国劳动人口的总人数仍在增加。预计2021年至2031年间，这一数字将增长近5%，达到约1.69亿，其中1.08亿人口将处于25至54岁之间的黄金职业年龄。[15]这些在职成年人将在日常工作中直面人工智能的影响。他们需要学习如何应对这种影响。换句话说，终身学习课程的市场正在增长，而本科课程的需求却在消退。大学毕业已久的人将面临不得不重新调整或退休的前景。为了服务于这一群体，大学本身将不得不面临抉择，或重新调整，或退出教育市场。

当然，在职成年人的优先事项和具体状况与传统本科生不同。他们拥有不同的目标市场和客户群，这意味着他们的学习计划和交付方式也需要有所不同。首先，虽然许多18至22岁的年轻人希望大学学习有助于他们找到工作，但终身学习者几乎只关注高等教育如何为其提供职业跳板。他们入学是为了获得成果。与其他任何因素相比，这最能影响课程计划。其次，他们背负工作和家庭责任，因此他们通常对住宿模式没有什么兴趣。相反，他们需要选择在线或混合平台，这些平台可以根据他们的生活和日程安排为他们提供所需要的学习内容。最后，他们可能缺乏时间、资源或攻读完整学位的意愿，因此他们需要灵活、模块化的学习模式，将学习分成可堆叠的模块，以获得证书或其他类型的"徽章"。

基于上述考虑，大学必须开发真正个性化的学习课程。

个性化的终身学习

传统的高等教育模式不以学习者为中心，而是将大学本身置于中心位置。课程设计通常基于对工作场所的假设，而这些假设在教科书出版时可能已经过时。这种方法对于那些在不断发展的人工智能经济中寻求立即获得专业成果的年长学习者来说是不够的。为了适应他们的需求，个性化学习需要高等教育带给学习者的是（无论他们身在何处，无论他们处于职业生涯的任何阶段）与他们的职业目标相匹配的学习内容。大学需要为学生提供与他们独特而复杂的生活状态完全匹配的学习内容，而不是让学生到大学去学习知识。

时间和地理位置

正如我们前面提到的，传统学生经验不足但时间充裕，而终身学习者经验丰富但时间不足。对于传统学生来说，最理想的是住宿模式，这种模式有利于学生体验校园学习，而对于年长的学习者来说，回到宿舍生活既不切实际又令人厌烦。因此，要设计个性化的终身学习方案，我们必须解决学习时间和学习地点的问题。

虽然全部面授的终身学习课程有其吸引力，但它们的缺点是将学校时间表强加于个人生活之上。为了解决这个问题，高等教育长期以来一直寻求利用在线学习平台来为时间紧迫的学习者提供服务，这些平台的发展远远超出了 21 世纪 10 年代"大规模开放在线课程"（MOOC）时代的流媒体讲座。在新冠疫情期间，远程学习的普遍采用促使大学提高教育质量，在最初混乱的远程学习热潮之后，它们确实做到了。许多大学投资开发了复杂的数字框架和多媒体课程内容，培训教师充分利用该技术的潜力。现在学生支持服务主要通过可访问的在线形式提供，而课程软件则为教师提供有关学生进步和参与度的即时数据，帮助他们在学生遇到困难时进行干预。[16]最近的研究表明，在线课程对于超过 100 名学生的大班具有价值，特别是入门级的课程。[17]公立大学正在投资扩展在线课程，以最低成本服务于不断增长的终身学习者市场。即便如此，也只有大约三分之一的美国人对其教学质量充满信心。[18]

值得注意的是，三分之二的在线学习者会选择那些距离居住地五十英里以内的校园或服务中心的课程。[19]这表明，即使对于那些最看重时间和最需要灵活性的学习者来说，地理位置至少也是一个潜在的考虑因素。大学附近也提供了混合学习模式。对于终身学习者来说，混合模式具有双重优势：面对面的互动让学生的参与度更高；在线课程模块让个性化程度更高。一些研究表明，与传统课堂相比，混合模式实际上对学习效率有积极影响，既能激发自主自学，又能培养积极的学习态度。[20]

生成式人工智能有望进一步完善个性化数字教学，根据学习者的需求和能力调整教学内容，有效地充当虚拟导师。虽然这仍然是一种新兴的教学工具，但它很可能在改善学习成果方面发挥变革作用。

通过个性化学习获得更好的学习成果

正如我们指出的那样，取得成果是终身学习者接受教育的原因。这些学习者中的许多人通常不能或不想学习完整的学位课程。相反，他们需要一种能够带来预期结果的、有针对性的教育体验。通常，终身学习者希望获得一套有针对性的知识、技能或能力，以帮助他们在专业领域就业，或实现职业生涯和生活中的特定目标。

他们希望高效地获取知识并迅速付诸实践。

举个例子,我曾经为一位企业家提供过建议,他正在开发一种新型的互联网搜索引擎,并想了解我所在的领域——语言学对这一事业可能的贡献。他不想要学位;他只关心知识本身。他需要一门速成课程,将语言学应用于搜索技术,并根据他的确切目标量身定制学习内容。要做到这一点,他需要学习一些关于句法、音系学和语义学的基础知识。同时,他还需要掌握一些更高级的计算语言学方面的内容。攻读传统的大学语言学学位不会帮助他实现构建搜索引擎的目标。但我能够帮助他——一所能够灵活地策划和定制他所需知识的大学也能。

随着人们在人工智能时代寻求提升技能,对终身学习的需求日益增长,这表明我们必须重新思考高校应如何组织相关知识以及如何分配、传授知识这个更大的问题。如今,大学在本科生课程和研究生课程之间人为地划定了界限。随着终身学习者数量的增长,以及大学更加专注于这些学习者的需求,我们将需要更多的方式来组织和细分知识。我们不必将其归入本科生课程和研究生课程等旧类别,而是可以将其细分成更小的模块,然后根据学习者的目标进行重新组合。然后,这些模块可以以类似于传统的获得学位的方式进行组合和堆叠，只是这些模块的排列和组合方式比典型的学位课程要多得多。此外，以这种方式重新组织学习课程有利于对学生的能力进行评估，让学习者能够以自我为导向，按照自身的学习速度进步，获得他们想要的结果。这种动态性和个性化的特点将学生的学习与其自身的具体需求紧密结合起来。

例如，假设有三位学习者希望学习生物工程。第一位想转行，他希望从技术层面进入生命科学研究领域。因此，此人所学的课程模块序列中可能包括四个基本生物工程内容模块，以及三个利用个人现有技术知识的高级模块。第二位学习者已经在从事生物工程方面的工作，但希望从其所在公司的中级职位晋升到管理层。在这种情况下，此人所学的课程模块序列中可能包括三个生物工程内容模块，以了解该领域的最新进展，以及两个专注于管理能力和业务开发的模块。最后，假设第三位学习者是一家医疗保健公司的高级经理，该公司正在寻求扩大与健康相关的纳米技术在医疗保健服务中的应用。在这种情况下，这位经理可能会学习两个与健康相关的纳米技术应用的模块，仅此而已。

然后，大学可以将这些堆叠的课程模块转化为正式的学术证书。例如，我们可以设想一下，第一个学习者获得生物工程学士学位，以表彰他所学的模块序列较长，以及对基础内容的熟练掌握。第二位学习者可能会被授予硕士学位，因为他的学习模块的序列虽然短，但是课程的内容更高级。最后，高级经理可能会获得一份课程证书，因为他的课程序列较短，但是却掌握了高度专业化的模块。

各种可能性是无穷无尽的，但要点很简单。通过以更精细的方式细分知识，大学可以更有效地传授这些知识，以满足学习者（尤其是终身学习者）的目标需求。以结果为导向的学习者重点关注的是直接的功能性知识，而不是可能永远不会使用的辅助知识。

个性化体验

无论学习平台或学习形式如何，教育课程项目的价值都是有限的，除非它包含体验成分。真正变革性的学习结果是整合学术和现实世界体验的产物，允许学习者在不同的学习环境中测试、整合和获取新知识。然而，终身学习中体验成分的问题也引发了一些悖论。体验对年轻的学习者至关重要，但如果学习者已经积累了丰富的体验，为什么他们还需要更多地参与体验？

答案是，在人工智能经济中，年长的学习者需要利用他们在工作和生活中获得的宝贵体验。通过回顾过去的体验，并以此为指针重新调整他们的行为和想法，他们就可以更好地实现目标并创造新的机会。能够做到这一点的优秀终身学习项目将满足学习者的需求——包括他们在专业工作场所中的需求。

这类项目对于最需要终身学习的人来说特别有用——目前在白领员工中有一大群人，他们一直认为自己不会受到自动化的影响，但现在他们听到了"数字化"的脚步声。这种在员工的工作中嵌入教育培训的学习形式，把终身学习直接带给那些处于技术变革中心的学习者。我们可以在他们亲眼看到自动化的地方接触到他们，同时将教育培训与学习者现有的经验无缝整合。

为了开发这种个性化的体验课程，大学可以与各个机构和雇主合作，明确他们对成果的预期，甚至帮助他们评估自己的需求。

雇主的个性化定制

过去，大学主要自行决定课程设计，认为自己最了解人们应该学习什么。当今的终身学习模式要求大学倾听学习者及其雇主的意见，规划出他们预期的学习成果。在制定新的学术课程项目时，大学可以考虑雇主想要实现的策略、他们对专业劳动力的需求，以及科技改变其行业的方式。即使大学勾勒出教育内容的轮廓，雇主也会帮助大学精简内容并与时俱进。学习者、雇主和大学都将从这种共生关系中受益。

学习成果的个性化定制

通过与雇主合作定制课程，学习者可以在第一天到岗工作前获得行业最新的概念和工具，同时规划通往成功职业生涯的道路。大学与企业合作成功的案例有很多。例如，纽约市立大学与IBM、Pitney Bowes、摩根大通和其他当地雇主合作，设计了一套以技术为基础的课程，旨在培养当地劳动力具备纽约就业市场最需要的技能和知识。为此，纽约市立大学的教师获得了资助，与合作公司的"主题专家"合作，定制网络安全和数据分析课程。[21]以类似的模式，迈阿密戴德学院与 NextEra Energy 合作，设计了一套可堆叠的数据科学和分析方向的证书课程。与 NextEra Energy 的专业人员共同开发的"主动学习"项目为学生提供了未来就业的直接途径。[22]

大学与雇主合作的另一个例子是东北大学的 ALIGN 项目。该项目最初在我们西雅图校区推出，旨在将有不同背景的人们引入技术职业领域，例如生物信息学或网络安全。在探索西海岸的就业机会时，我们发现许多人拥有的学士学位与当地的职位空缺不匹配。他们希望进入那些受到当地雇主青睐的需求度较高的技术领域。因此，我们与雇主合作开发了一个项目，让文科毕业生成为计算机科学家和数据分析师，为他们提供硕士学位和长达十二个月的技术部门合作项目或实习体验。

这将精细化的课程学习与沉浸式职场体验相结合。学习者通过学习为在职项目定制的内容，获得新的高科技技能（例如大数据分析）。这些项目与在线学习单元相结合，帮助学习者掌握最新技术。此外，该项目利用学习者在文科方面的经验，将其与新技能结合，使他们在沟通和批判性思维方面彰显优势——这是管理职位的关键技能。在课程结束时,他们收获的能力将让自己更好地掌握新知识,为取得成功做好知识和能力上的准备。事实证明,该项目非常有吸引力,尤其是对女性和少数弱势群体,我们现在已经将其推广到整个大学系统。

终身学习课程不仅需要雇主输入内容,也需要雇主输入其他元素。例如,如果教育工作者编造出一套出色的、变革性的课程,却与员工的工作时间相冲突,那这套课程就没什么价值了。雇主应该和终身学习者就教育培训所需占用的工作时间达成一致,就像他们需要决定对终身学习的员工给予适当奖励和激励措施(包括晋升和财务支持)一样。大学和行业内的雇主团体甚至可以考虑提供联合证书,以便学习者在其领域范围内的不同公司间无缝流动,他们所受的教育、掌握的知识和获得的技能均能得到认可。

业务成果的个性化定制

在定制终身学习项目时,大学应该牢记,"客户"不仅包括学习者,也包括雇主。这种意识促使大学产生一种必要的(但有时却是缺失的)谦逊感。大学在本质上就是热衷于教学的机构,但在与终身学习者和雇主合作时,我们也必须去倾听和学习。雇主比我们更了解他们当前的业务挑战、战略目标和人才需求。他们可以传达他们希望员工获得的能力或其他期望的结果,大学可以帮助雇主评估他们的学习需求。

在缅因州波特兰市的东北大学 Roux 研究所,实践教授兼学习项目负责人丹·科洛斯基(Dan Koloski)在课程设计中运用了这种方法。随着数据在各个商业领域的爆炸式增长,雇主们一直在寻找决策和运营中改进利用数据的方式。他们需要员工拥有更好的数据素养。

科洛斯基与公司合作,提高他所说的"非从业者"的数据素养,这些员工和高管可能从概念上理解人工智能和数据在其业务中的重要性,但他们缺乏这方面的专业知识。科洛斯基的设计过程是从倾听开始的。"我们与雇主进行的许多对话都集中在'从商业角度来看,你想要实现什么目标?',"他说,"'你想如何成长?你想如何提高竞争力?'……"[23]

这样做的目的是教会员工(通常是高管)如何利用

数据提出正确的问题。传统上，高管们在考虑业务问题时（例如，公司现在是否应该进入日本市场？），会凭借直觉和经验进行案例比较，以及咨询信息收集专员的意见，而当今的数据革命使他们思考问题的方式更加直接。"如果我的业务问题是'我应该进入日本市场吗'，你需要知道的五个关键性分析问题是什么？"科洛斯基说，"你能从哪里获得能够回答这些问题的信息？"

科洛斯基根据客户的具体业务目标、现有的数据管理流程和公司内部数据来定制数据素养培训项目。在初步咨询后，他会根据现有研究生课程的相关内容制定一系列学习目标。下一步是使用雇主的内部资料（例如公司报告和案例研究）汇编个性化数据库。这有助于东北大学教师创建定制化、体验式学习项目，以满足雇主的实际业务需求。其结果将使每个人都受益。雇主提高了人才素质，并开发了应对业务难题的解决方案，而他们的员工学习者则实现了自己在人工智能工作场所的技能提升。

在那些努力发展 21 世纪产业（例如生物技术产业）的城市里，如果这种方法得到大规模应用，其经济影响将是巨大的。为了吸引最新的技术工作，各大城市都需要那些受过教育的、能够使用这些新技术的劳动力。劳动力的创造是经济进步和社会繁荣所必需的——因此，高等教育必须为此而努力。

对大学的一些启示

教师

提升终身学习在大学使命中的地位不仅对学生，而且对大学社区的所有其他成员都有深远的影响。对终身学习的需求的增加必然意味着对教学的需求也会增加。因此，我们有理由预期，未来高校将需要扩大师资队伍——终身学习者人数的增加必然导致终身学习教学师资队伍的扩大，这似乎是合乎逻辑的。这是一个好消息，因为美国国家教育统计中心报告称，与新冠疫情暴发前相比，高校师资数量已减少约55000人。[24]终身学习的兴起将改变这种下降趋势。

鉴于未来几年生成式人工智能在课堂上扮演的角色尚未可知，我们无法预测未来课堂里确切的人员配备水平，但我们知道，我们对待教师的方式，就像我们对待学生的方式一样，需要更多的灵活性和个性化。如今，大学教师是分层的：专注于研究的终身教授占据上层；这一层级之外是非终身制教师，他们通常专攻教学；实践教授通常是在行业内取得杰出成就后来到大学任教；还有一些研究员、兼职教授等。然而，在一所以服务大量终身学习者、提供更多可堆叠内容和打破学科界限为使命的高校中，这种结构就会受到质疑。

随着越来越多的大学利用科技以模块化、可堆叠的形式提供教学内容，以满足学习者的需求，教师的角色可能会发生巨大的变化。大学将需要更多的行业专家、实践教授和授课教师的参与。就教师而言，他们会发现自己也要投入更多时间进行终身学习，以跟上新工具、平台和教学技术发展的步伐。

校友

扩大大学的终身学习地位也将考验一些传统观念，如校友是谁，以及校友如何看待他们的大学。大多数四年制高等教育的毕业生认为他们的母校是他们获得学士学位的地方——无论他们后来是否获得了研究生学历或专业学位。通常，校友会偶尔回到学校参加体育赛事和聚会，或利用已建立的关系——换句话说，与过去互动。

相比之下，随着终身学习者人数的增加——以及有更多受过大学教育的人对终生教育产生需求——毕业生与母校的关系将得以改变，这使他们成为一个广泛活跃的关系网中的成员，深度参与现在和未来。

除了依靠大学继续学习外，校友之间的联系还将通过持续使用职业服务和其他支持得以实现，这种校友关系将涵盖社交功能和协作功能。这一切已然在发生。因此，标准的校友运作将为终身学习者提供企业孵化器和创业援助。它将专业人士与有成就的导师联系起来，提供指导和教育支持。它将校友的企业与教师的专业知识和学术研究联系起来。此外，它将成为利益共同体的焦点，将拥有共同职业愿景、爱好或慈善目标的校友聚集在一起。这样，毕业生一生都继续得到学校的滋养和支持，"母校"的字面意义将得到强化。实际上，他们将成为终身俱乐部的成员，填补了巨大的社会、职业和教育空白。这种动态关系也有可能改变大学的捐赠方式。例如，除了每年为班级筹款活动开出一张支票外，校友还可以加入订阅模式，通过学习注册继续获得教育服务和学习机会。整个学校的发展可能会演变为不仅依靠校友的情感支持，还能从其提供的一系列合作、课程和服务中受益。

校友在以终身学习为导向的大学中的重要性不断强化，也会引发许多问题。如前所述，美国高校的校友往往对他们的本科母校最为忠诚。人们在最有青春活力的几年里与最亲密的朋友一起住在宿舍，彼此可能会比报名参加以混合形式提供的有针对性的学习课程的同学更有依赖感。毕竟，学生们不会为了庆祝获得在线学位证书而购买大学运动衫——至少现在还不会。

然而在未来，随着越来越多的人采用终身学习的教育模式，我们可能会看到传统的校友忠诚度发生变化。人们可能拥有比今天更多的母校。获得标准本科学位的方式可能会让位于新的形式。因此，校友最终可能会对那些在他们的终身职业生涯中给予了自己最大价值的大学产生最强烈的忠诚感。这不一定意味着要转变为一种严格意义上的交易关系，但当众多高校争夺一个人有限的注意力时，脱颖而出的可能是那些能产生切实成果的高校。如果一所大学在他们的生活中一直是一个可靠的存在并提供支持，那么学习者更有可能回到那里寻求帮助、接受教育、分享快乐。

大学本身

终身学习的影响不仅仅是内在的。它们还预示着大学整体结构的变化和机遇。这种情况并不奇怪。纵观历史，高等教育最终通过学校形式和整体结构的演变，来响应技术的变化以及它旨在服务的学习者群体的需求。这就是为什么在过去美国的高等教育得以涵盖农业和机械大学、文理学院、研究型大学、公立大学系统、社区学院和在线大学等的原因。

我们再次到达了这样的转折点。人工智能革命要求几乎每个人都成为终身学习者——而这反过来又要求大学将自身置于学习者所在的地方。我们已经概述了如何以学习者为中心，调整课程设置以实现这一点，但这还不够。虽然在线教育可以随时提供给学习者所需课程，但寻求通过混合课程为终身学习者服务的大学必须"走进学习者居住的地方"，在多个地点建立实体机构，根据区域经济和具体状况来设计个性化的定制课程。这对那些被现代经济抛弃的地区尤其重要，因为这些地区缺乏能够从事技术工作的劳动力。在人工智能驱动的经济体系中，对终身学习的需求日益增加，其必须得到满足，大学才有机会迈向高等教育发展的下一阶段:(全球)大学体系。

(全球) 大学体系

加州大学前校长克拉克·克尔(Clark Kerr)在其经典著作《大学之用》(*The Uses of the University*)中描述了20世纪60年代美国研究型大学作为教育机构所涉及的广泛活动、利益群体和各类人员的聚合情况。[25]他将其比作一座城市,拥有许多看似不同的功能,许多不同的个人因对(比如说)停车问题的共同不满而团结在一起。相比之下,大学体系是一个存在于多个地点的实体,每个地点都根据学习者生活和工作的不同环境提供不同的课程。该系统可以是区域性的,为不同国家市场的学习者提供服务,系统也可以是全球性的,为多个国家的学习者提供服务。网络的每个节点都相互连接,这样学习者就可以在自己的生活环境中通过这些网点来利用学术课程、学习资源和体验式学习的机会。从许多方面来看,它都是大学合乎逻辑的下一个迭代方向,为满足不断增长的终身学习者群体的需求提供服务。

大学体系的目的是在其各个节点提供情境学习和研究机会。设想一下全球大学体系如何为职业生涯受到技术变革冲击的学习者提供服务。他们的终身学习轨迹的起点可能会在纽约节点，攻读短期金融课程，然后前往伦敦节点，在那里的一家金融科技公司从事体验式学习。或者，他们可能会参加硅谷初创公司的创业体验项目，同时在当地校园完成人工智能和机器学习课程。

全球性的、移动的、情境化的学习是以服务学习者为目标的大学所追求的圣杯——在人工智能经济体系中，这意味着越来越多的教育机构参与其中。大学体系旨在为终身学习者提供这种服务，但它也是所有大学的平台，促进情境研究、全球招聘以及本科生流动。

在地方和区域环境下进行研究，有助于解决该区域内的实际问题。例如，在迈阿密节点，非常适合研究城市沿海可持续性发展，而研究地质构造活动对区域人口和经济的影响的工作则更适合在有喀斯特地貌分布的节点进行。这些具体情境的研究机会刺激了教师招聘和学生入学——最有才华的人可能非常希望继续在自己的社区生活，而不必搬进位于遥远城市的校园。特别是，实践教授和教学人员可能无法常驻大学城。

该体系还实现了本科生的流动,从而提高了他们的学习成果。例如,通过让年轻学习者在伦敦学习一个学期的人工智能和哲学,然后在湾区进行创业体验,不仅能让学生深入掌握人文课程,还有助于让学生获得认知能力。为适应每个地方的现实需求,该体系所创造的各种机会都具有无法替代的细微差异。当学习者在网络中流动时,他们会收获这些细微差异带来的回报——例如,拥有深厚的文化敏捷性和异常敏锐的批判性思维。一个全球性的大学体系能够让学习者在不同的体验和情境中循环学习,让他们深度欣赏异彩纷呈的世界,使他们能够超越人工智能,成为富有想象力和心智灵活的人。

因此,假设一位学习者对工程和气候变化都有热情,他以学生身份就读于一所全球性大学,该大学体系在纽约、温哥华、迪拜和新德里均设有分校。学生可以在这个网络中的不同环境中游走,他们可以研究美国东岸沿海城市的可持续发展问题,然后转向中东,了解工程师在那里建设有效供水系统时面临的问题。再一次转向印度次大陆,他们可能会了解那里市政系统的不完善对健康的影响。最后,重点评估温哥华的促进可再生能源和绿色实践的政策所产生的影响。这位学习者有机会体验不同的环境，并在学习过程中从个性化定制课程和合作项目中受益。这为学生提供了真正无与伦比的教育。随着时间的推移，他们对学科有了更全面和更深入的掌握，既获得了鸟瞰式的全球视角，也能从专业人士的角度理解这些学科对当地社区的影响。再次强调，完全实现这一愿景并非易事。但它培养出了优秀的具有防御机器人能力的学习者。

东北大学的全球大学体系的设计理念正是全球化、移动化、情境化学习。我们并不孤单：卡内基梅隆大学在卡塔尔提供本科课程，在卢旺达提供研究生课程；纽约大学在美国以外拥有十多所分校。通过采用多校区、多模式设计，我们和其他类似的高校机构将更好地满足人工智能时代对情境化终身学习的巨大需求。

跨越国界与全球化

并非每所大学都渴望在美国或其他地方建立多个分校——也并非每所大学都应该这样做。将不同的地点连接在一起以形成一个真正互联的体系是一项复杂的工作。将学术课程项目和学习机会结合起来，让学习者能够以一种高度个性化的方式在网络中流动，以满足他们的学习需求，这需要非凡的协调工作。但是，那些寻求建立全球性大学的教育机构必须思考，是否希望以真正全球化的，而非仅仅是跨越国界的方式运营。

其他行业也一直在努力应对这种动态。当美国汽车公司开始向外扩张时，他们采用了跨越国界的方法。他们在别国开设工厂，但所有关于产品和战略的决策仍然集中在美国总部。这可能很"高效"，但并不是特别"有效"，因为汽车制造商（这并不奇怪）经常生产出美国版产品的复制品，而不是能满足新市场客户需求的具有独特性能的车辆。

相比之下，当软件行业开始探索新领域时，其领导者采用了更全球化的方法。他们在尚未开发的市场建立了新设施，但并没有简单地复制在美国行之有效的策略，而是让新业务适应当地的实际情况。他们没有高高在上地宣布产品设计或营销策略，而是采取了一种分布式的方法，这种方法考虑到了特定环境中的各种机会。[26] 我建议寻求建立全球大学体系的高等教育机构最好效仿软件行业的做法。

克拉克·克尔所描述的"多元大学"(multiversity)是指一个与我们的世界相映成趣的大学体系,就像我们今天的课程体系反映我们的世界一样。随着我们的世界变得越来越复杂,我们无法指望用简单的方法来理解它、影响它和改善它,除非采用相应的复杂方式——换句话说,就是采用网络化体系。为了成功应对21世纪的技术和经济挑战,每个学习者都将终其一生从全球化高等教育机会中受益。为了帮助学习者抓住这一机遇,许多高等教育机构的现有教育形式将不可避免地发生改变。

当今的大学在很大程度上都把本科生教育、研究生培养和通过研究创造新知识视为大学真正的、严肃的事业,而将终身学习视为一项辅助工作。本科生教育、研究生教育和科学研究属于大学的核心优先事项,确实至关重要。但对数百万成人学习者来说,当他们发现自己不得不重返高等教育,以保持在技术变革中的领先地位时,传统的教育方法并不适用。

过去,大学扮演的是"象牙塔"的角色:只要建好学校,学生就会来。因此,院系提供意料之中的传统的、同质化的、一成不变的学位项目(如学士学位、专业硕士和博士学位)。这种方式已经不够用了。高校要满足在职成年人对教育服务的重要需求。

在很多方面，传统态度会让人想起20世纪初期飞机首次出现在商业舞台上时，铁路公司所采取的姿态。当时，铁路已经垄断了长途客运的市场。当第一批航空公司也开始提供长途商业航班时，铁路公司在很大程度上忽视了这一发展，认为航空运输与自身从事的业务有着根本的不同。它们认为航空公司在从事航空业务，顺理成章地认为自己是在做火车生意。铁路公司没有意识到，它们和航空公司实际上都在从事同一项业务——运输。因此，铁路公司错过了自己的行业即将被颠覆的警告信号。当商业航空旅行开始兴起时，它们惊讶地发现，新的竞争对手迅速取代了它们在客运领域的长期主导地位。

随着人工智能、机器人和高科技的进步让人们在终身学习、重新装备和提升技能方面的需求空前高涨，高等教育应考虑转变观念，而这是铁路公司当初没有做到的。展望未来，高校有机会认识到，它们的使命不仅是本科教育、研究生教育和科学研究——尽管所有这些都是至关重要的——还包括终身学习。

当今的专业人士面临的挑战，与皮特曼和达尔文时代的工人所面临的挑战一样深刻。他们沉浸在快速变化的工作环境中，必须适应，否则就会失去竞争力。技术的升级意味着他们必须通过接受进一步的教育来发展他们独特的人类技能。在日益复杂的经济环境中，终身学习很可能决定了他们将面对的是职业发展还是经济枯竭。在这种情况下，旧的"象牙塔"式的教育不再适用。大学不能再通过简单地建立同质性的课程项目，就期望终身学习者会出现在校园里。

个性化定制课程是必须迈出的第一步。

后记

想象一下 1944 年 11 月 17 日的世界状况。地球上有大约 25 亿人，其中没有一个人曾经使用过可编程的数字电子计算机。欧洲和太平洋战争的形势已经发生了巨大的变化，在美国，政府官员们正在认真思考如何让数百万被派往海外作战的士兵重新融入美国经济和社会。[1]肺结核和早产是导致美国人死亡的十大原因之一。[2]全球地表温度开始缓慢上升，预计在 21 世纪初将达到令人不安的水平。[3]牛津英语词典中还没有"移动电话"一词，甚至几十年后才出现"微芯片"一词。

正是在那样的世界，在那一天，富兰克林·罗斯福总统致信美国科学研究与发展办公室主任万尼瓦尔·布什（Vannevar Bush），敦促他考虑如何将其办公室的主要精力应用于和平时期。"思想的新领域就在我们面前，"

罗斯福写道，"如果我们以发动这场战争的同样的远见、勇气和动力去开拓这些领域，我们就能让就业更富有成效，让生活更硕果累累。"[4]

1944年的世界和今天的世界似乎相隔万年，但也有重要的相似之处。当时，就像现在一样，技术正在改变人们的生活和工作方式。当时，就像现在一样，一些人担心技术可能造成危害，而还有一些人却认为这是人类的救赎。当时，就像现在一样，政府和高等教育寻求培养和利用技术进步的力量。1944年，他们清楚地知道如何做到这一点：他们将建立社会契约。

布什博士对罗斯福的答复是一份如今耳熟能详的报告，题为《科学：无尽的前沿》（*The Endless Frontier*）。该报告的核心见解是，二战后新技术的发展可以使社会变得更好，但前提是主要参与者能够真正齐心协力地发挥作用。布什在制订大学研究的未来计划时指出："科学进步是我们保证国家安全、改善健康、创造更多就业机会、提高生活水平和促进文化进步的关键。"[5]为了实现这些目标，他提出建立一个系统，政府资金将流入大学，用于四个主要目的：创造新知识、教育下一代科学家、推出新产品和新产业，以及促进公共福利。正如布什所言:"这种探索对国家和个人的回报都是巨大的。"

事实证明,布什是正确的。20世纪40年代建立的政府与高等教育之间的社会契约开启了美国社会繁荣的新时代。国家、学术界和工业界形成了一种共生关系。在这种关系中,政府提供资金,大学将其用于科学研究,私营部门实现新发现的商业化,将其转化为技术、消费品,从而带来经济增长。这种安排将继续推动20世纪的物质繁荣和技术进步。

我个人认为,今天人工智能时代的到来对人类的影响与二战后期一样重大。与那个时代一样,我们的时代也要求建立新的社会契约,将公民、高等教育、雇主和政府联合起来,为共同利益服务。但是,尽管万尼瓦尔·布什的愿景所关注的是不断升级的科学发现,但我们人工智能时代的社会契约要更进一步:促进学习者和公民的个人重塑。

正如本书所论证的那样,人工智能已经使人们对教育、工作场所和世界的长期假设变得过时。

学习者不能再指望小学、中学和大学教育所开设的课程能让他们终身受益。员工不能再指望他们的专业知识和值得信赖的教育流程在瞬息万变的世界中保持任何价值。相反，人、雇主、大学和政府需要接受"近乎持续不断的重塑"将成为一种常态。这意味着调整和更新——重塑——社会契约本身。

更新后的社会契约会是什么样子？二战后的版本是优先考虑科学进步。新的社会契约应以公民为中心，主要关注的是人们的能力、才能以及提升和重塑自我的能力。这将需要扩大每个关键利益相关者在实现契约中作用。例如，雇主不再提供间歇性的教育培训，而是通过不断为员工提供技能提升机会，将职业重塑纳入其核心业务模式，从而保持在技术变革中的领先地位。政府方面将扩大学生援助项目的范围，使其不再局限于为18至22岁的青少年提供服务，更要为公民、大学甚至雇主设计灵活、适应性强的终身学习项目。正如本书所讨论的，高等教育将围绕这些学习者和人工智能时代的新素养进行重新调整。最后，个人本身将接受一种心态的转变，从将教育视为成年生活的前奏，转变为将学习视为个人发展和职业更新的终身伴侣。

新的社会契约将使主要参与者之间关系进一步演变。旧契约代表了一种自上而下的安排，国家将资金转交给学院，大学将其研究发现转交给工业界，雇主为公民创造新产品、工作岗位和发展机会。在人工智能经济中，每个利益相关者都是相互依存的，公民的角色正在向经济中心移动。每个人都会受益。高等教育得到公众支持，将其使命扩展到新的出生人口和前沿发现。雇主受益于受过大学教育的员工，他们积极追求持续学习和职业发展。而国家则通过创造一个更繁荣、更和谐的社会而兴盛起来。战后契约只是部分实现了这一目标，因为它只是部分地设想到了这一点。这是我们见证社会契约实现全部潜力的机会。

重塑社会契约

政府的作用

本书不打算讨论政府对大学研究的支持。不过，可以说，是在政府的扶持下，我们的世界才有了从互联网到 mRNA 疫苗等的一切进步，而且政府仍然是学术发现事业的命脉。旨在促进终身学习的新社会契约，必然会通过财政援助的方式，扩大大学入学机会。在美国，这以税收抵免和学费福利的形式出现，其中佩尔助学金仍然是最突出的,且大多颁发给本科生。把项目资助范围扩大到研究生,将是更新社会契约的重要一步。但世界各国政府还有许多其他方式帮助终身学习者接受重新培训和技能提升,以推动社会和经济进步。

例如,2015年,新加坡政府发起了以"未来技能"(Skills Future)为主题的全国性运动,旨在为其公民提供终身学习支持和技能培训机会。[6]其中最引人注目的举措是建立信用账户,每个25岁以上的新加坡人都会收到用于教育和培训的资金。仅在2022年,就有约56万人(约占所有公民的16%)参加了未来技能计划,其中近20万人获得了贷款。[7]

欧盟采取了另一种方式,宣布2023年为"欧洲技能年",资助欧洲各地数千场技能培训活动,重点关注数字和绿色技术。然而,专业教育培训显然遥遥领先。德国和瑞士等国仍然是学徒制教育的领军者。德国坚持其强大的"双元制"教育体系,大力吸引雇主和社会伙伴的参与,并确保其服务于更广泛的社会和经济目标,而不是短期的招聘需求。在瑞士,三分之二的进入高中毕业班的年轻人注册了职业和专业教育体系。在该系统中,他们将公司学徒制与(一到两天的)职业学校教学相结合。[8]

其他国家正在努力弥补差距。2017年，英格兰引入了学徒税，雇主必须将工资的一部分用于培训。自其实施以来，非大学毕业生的"高技能"就业率上升了5%。[9] 爱尔兰通过向失业者和自雇佣者提供IT和网络安全等领域的免费高等教育课程，推进其终身学习议程，而其"学徒行动计划"的目标是到2025年创造10万个新的学徒岗位。[10]

雇主的作用

如今，高等教育与雇主的关系往往是松散的，缺乏联系。通常，大学与雇主之间的偶尔互动只流于表面，企业可能每年会派经理去校园几次，参加学位课程或学科的咨询小组活动。高校试图明确了解企业的需求，但有时会误读它们发出的信号，导致毕业生与就业市场存在技能差距或错失研究机会。2021年的一项针对大学社区的问卷调查中，在被问及在学术界和产业界的关系中最希望改善什么时，94%的人回答是"围绕目标和期望问题进行更有效的沟通"。[11] 校企联系更加紧密将使沟通更加顺畅，这对每个人来说都有裨益。

在新的社会契约下,高等教育机构和雇主都可以更紧密地整合自己的活动,从而使得彼此受益。东北大学的 ALIGN 项目将终身学习者安排到技术岗位上,雇主和大学可以从彼此隔绝的状态转变为校企紧密结合的状态。这种知识、人才和资源的融合有助于培养学习者防御机器人的能力,让企业实现它们的目标,让大学践行改善社会的使命。由于专业工作场所是受技术变革影响的关键环境之一,旨在应对这些变化的教育工作——无论是理论学习还是体验式学习——都可以在公司和办公室进行,而不仅仅是在大学校内。

如果企业和大学要团结起来履行社会契约,沟通和互利是至关重要的。它们在长期研究合作中的记录让人印象深刻。阿斯利康-牛津疫苗的研发是疫情期间一个特别著名的例子。产学合作在世界各地都很常见。按比例计算,荷兰、法国、瑞士、德国和英国的大学发表的商业合作的研究论文比美国同行多,这些大学与飞利浦、博世和霍夫曼-拉罗氏等公司联手合作。[12]印度专利领域顶尖的印度理工学院公立技术大学系统与巴拉特重型电气有限公司(Bharat Heavy Electricals Limited)等 70 多家公司合作运营 ITT 马德拉斯研究园区,并声称其孵化成立了 200 多家初创公司。[13] 韩国以其产学研合作而闻名,最引人注目的是三星与成均馆大学的深度合作,该合作甚至延伸到教育机构的管理层。[14]

显然,大学和雇主为共同利益而协同努力的做法已经有了不少先例。虽然这些安排的具体内容各不相同,但社会和经济进步的目标是人人共享的。毕竟,我们都是学习者,都是公民。我们也都是人类。

人类的角色

在未来几年里,人类将不得不学会依靠技术工作和生活,这些技术很可能会改变我们的文化、世界观和生活方式。人工智能的出现正在重塑我们开展业务的方式、发现知识的方式以及教育学生的方式。因此,我们每个人都有义务通过终身学习来寻求我们自己的个人重塑。改变是困难的,许多人会拒绝它。但不可否认的是,我们与人工智能共享的未来的唯一确定性是:它将不同于过去,而我们必须适应它。

关于高校的许多流行的说法,无论好坏,都集中在

"哪种教育是最好的教育"这个问题上——这种讨论往往被归结为：是为学习而学习还是为谋生而学习，或者文科教育的价值与促进就业的"实用"课程的价值之间的二元对立。然而，旨在防御机器人的教育模式表明，这些都不是真正的抉择。

人工智能越来越专注于诸如事实分析、将事实应用于具体状况或数据管理等任务——直到最近，这些工作在很大程度上仍是由拥有大学学位的人承担的。在新的工作场所，人类的角色将是社会性的、情境性的，并且像生活背景一样是流动的。为了适应这些变化，人们将踏上持续不断的接受人类学教育之旅，不断重塑自我，以抓住无尽变化带来的无尽机遇。

在这段旅程中，体验比以往任何时候都更重要。

现在也是时候要击破一些谣言了，比如学生们必须在经济回报丰厚的职业或者充实、高尚的内心生活之间做出选择。人类学将使人们具备在职业上获得成功的能力，并培养出红衣主教纽曼所倡导的美德——即敏捷的头脑和精致的思想。[15]通过接替我们的日常工作，机器将为人类提供从苦差事中解放出来的机会，让我们可以从事更具想象力、决定性和社交性的任务——以及考虑人工智能所产生的道德后果的问题，例如确保所有种族、身份和背景的人都能分享人工智能生产力的成果，并确保我们的经济弧线朝着平等和更具包容性的方向发展。

未来将因机遇和重塑而不同。在过去，工厂工人整天都在机械地制造东西；明天，他们可能有机会成为一名熟练的工匠。过去，中层管理者的工作是推动信息在各部门间传递，而明天他们可能会像企业家一样思考和行动。同样，威廉·怀特（William Whyte）在 20 世纪 50 年代描述的灰色"机构人"过去每天打卡上下班，不假思索地执行公司政策。[16]明天，他们可能会制订全球商业计划，并学习如何部署人工智能工具来执行新的战略计划。

无论教育的对象是年轻的学习者、年长的学习者、公司员工还是独立工作者，教育的目标在本质上都是一样的。学习现在是一场持续的航行，有许多停靠港，但永远没有终点。这段持续的旅程的影响远远超出了校园的范围，进入了我们的家庭、工作场所和初创企业。这些影响将塑造我们的抱负，甚至我们的法律。最终，这种影响将波及每个人，并通过旨在超越规模、地点和时间限制的全球大学体系传遍世界。

教育不是解决人类困境的灵丹妙药。我们无法通过教育让自己摆脱所有的社会难题和自然困境。但是，我们可以帮助个人做好迎接变化的准备，拥抱我们时代的技术奇迹。也许，如果我们教育得当，社会的重心就会转移，变得更加公平、公正，并能可持续发展。我相信，当人们接受教育时，他们可能仍会对未来的变化和奥秘感到惊讶，但他们会将这些视为机遇而不是威胁。

我相信，这样的世界是可能的。我们的工作就是让它成为现实。

参考文献

前言

1. Eric Brynjolfsson and Andrew McAfee, *The Second Machine Age: Work, Progress, and Prosperity in a Time of Brilliant Technologies* (New York: Norton, 2014), 9.
2. Martin Ford, *Rise of the Robots: Technology and the Threat of a Jobless Future* (New York: Basic Books, 2015), xvi.
3. "Generative AI to Become a $1.3 Trillion Market by 2032, Research Finds," Bloomberg, June 1, 2023, https://www.bloomberg.com/company/press/generative-ai-to-become-a-1-3-trillion-market-by-2032-research-finds.
4. Cade Metz, "'The Godfather of AI' Leaves Google and Warns of Danger Ahead," *New York Times*, May 1, 2023, https://www.nytimes.com/2023/05/01/technology/ai-google-chatbot-engineer-quits-hinton.html.
5. Statement on AI Risk, Center for AI Safety, https://www.safe.ai/statement-on-ai-risk#open-letter.
6. Sian Townson and Michael Zeltkevic, "Why AI Bias Might Be Easier to Fix Than Humanity's," World Economic Forum, June 30, 2023, https://www.weforum.org/agenda/2023/06/why-ai-bias-may-be-easier-to-fix-than-humanity-s.
7. Bill Gates, "The Age of AI Has Begun," GatesNotes, March 21, 2023, https://www.gatesnotes.com/The-Age-of-AI-Has-Begun.
8. Erin Griffith, "Reid Hoffman Is on a Mission: To Show AI Can Improve Humanity," *New York Times*, May 25, 2023, https://www.nytimes.com/2023/05/25/technology/reid-hoffman-artificial-intelligence.html.

9. Thomas Germain, "IBM CEO Says It's a 'Good Thing' If AI Takes Your Job," Gizmodo. com, February 17,2023, https://gizmodo.com/ai-chatgpt-ibm-ceo-take-jobs-bing-google-bard-1850128531.
10. David Graeber and David Wengrow, *The Dawn of Everything: A New History of Humanity* (New York: Farrar, Straus and Giroux, 2021), 524.
11. "World Population Prospects 2022: Summary of Results," United Nations, 2022, retrieved September 1, 2023, https://www.un.org/development/desa/pd/sites/www.un.org.development.desa.pd/files/wpp2022_summary_of_results.pdf.

第一章

1. Yale School of Management CEO Summit, "Genuine Intelligence on Artificial Intelligence: The Reality behind the Vague Threats, Hopes, and Hype," June 12, 2023, https://som.yale.edu/sites/default/files/2023-06/Yale%20June%202023%20CEO%20Summit_Key%20Themes_v7.pdf.
2. Kenneth Miller, "Archaeologists Find Earliest Evidence of Humans Cooking with Fire," *Discover Magazine*, December 17, 2013, http://discovermagazine.com/2013/may/09-archaeologists-find-earliest-evidence-of-humans-cooking-with-fire.
3. Yuval Noah Harari, *Sapiens: A Brief History of Humankind* (New York: HarperCollins, 2015), 12.
4. Eric Hobsbawm, "The Machine Breakers," *Past and Present* 1, no.1 (1952): 57-70, http://web.csulb.edu/~ssayeghc/theory/wintertheory/machine breakers.pdf.
5. Lord Byron's Speech, *Luddites at* 200, http://www.luddites200.org.uk/LordByronspeech.html.
6. "An Ode to the Framers of the Frame Bill," *Luddites at* 200, http://www.luddites200.org.uk/documents/Byronpoems.pdf.
7. Erik Brynjolfsson and Andrew McAfee, "Will Humans Go the Way of Horses?," *Foreign Affairs*, July-August 2015, 8.
8. "Commencement Address by Senator John F. Kennedy at Northeastern University, Boston, Massachusetts, June 17,1956," John F. Kennedy

Presidential Library and Museum, https://www.jfklibrary.org/archives/other-resources/john-f-kennedy-speeches/northeastern-university-19560617.
9. Brynjolfsson and McAfee, "Will Humans Go the Way of Horses?"
10. John Henry Newman, "Discourse 7. Knowledge Viewed in Relation to Professional Skill," in *The Idea of a University*, 1858, 178, http://www.newmanreader.org/works/idea/discourse7.html.
11. The 1890 Land Grant Universities, "The Morrill Acts of 1862 and 1890," 2015, http://www.1890universities.org/history.
12. Clark Kerr, *The Uses of the University*, 5th ed. (Cambridge, MA: Harvard University Press, 2001), 3.
13. Suzanne Mettler, "How the G.I. Bill Built the Middle Class and Enhanced Democracy," *The Scholars Strategy Network*, January 2012, http://www.scholarsstrategynetwork.org/brief/how-gi-bill-built-middle-class-and-enhanced-democracy.
14. Eliza Berman, "How the G.I. Bill Changed the Face of Higher Education in America," *Time*, June 22, 2015, http://time.com/3915231/student-veterans.
15. American Association for the Advancement of Science, "R&D at Colleges and Universities," updated March 24, 2016, https://www.aaas.org/page/rd-colleges-and-universities.
16. National Center for Science and Engineering Statistics, "Universities Report Largest Growth in Federally Funded R&D Expenditures since FY 2011," December 15, 2022, https://ncses.nsf.gov/pubs/nsf23303.
17. United States Census Bureau, "World Population: Historical Estimates of World Population," updated December 2013, http://www.census.gov/population/international/data/worldpop/table_history.php.
18. Population Reference Bureau, "Human Population: Urbanization," 2016, http://www.prb.org/Publications/Lesson-Plans/HumanPopulation/Urbanization.aspx.
19. U.S. Bureau of Labor Statistics, "Median Usual Weekly Earnings of Full-Time Wage and Salary Workers by Educational Attainment,"

retrieved August 8, 2023, https://www.bls.gov/charts/usual-weekly-earnings/usual-weekly-earnings-over-time-by-education.htm.
20. Anne Case, Angus Deaton, "Without a College Degree, Life in America Is Staggeringly Shorter," *New York Times*, October 3, 2023, https://www.nytimes.com/2023/10/03/opinion/life-expectancy-college-degree.html.
21. Scott Semel, Intralinks, personal interview, March 14, 2016.
22. Colin Angle, iRobot Corporation, personal interview, April 4, 2016.
23. Daron Acemoglu and Simon Johnson, *Power and Progress: Our 1000-Year Struggle Over Technology & Prosperity* (New York: Public Affairs, 2023), 260-261.
24. Acemoglu and Johnson, *Power and Progress*.
25. Martin Ford, *Rise of the Robots: Technology and the Threat of a Jobless Future* (New York: Basic Books, 2015), 75.
26. Delphine Strauss, "David Autor: 'We have a real design choice about how we deploy AI,'" *Financial Times*, August 10, 2023, https://www.ft.com/content/9c087da3-63d2-4d73-97dc-023025b529aa.
27. Strauss, "David Autor."
28. Josh Zumbrun, "Why ChatGPT Is Getting Dumber at Basic Math," *Wall Street Journal*, August 4, 2023, https://www.wsj.com/articles/chatgpt-openai-math-artifi cial-intelligence-8aba83f0.
29. Kweilin Ellingrud, Saurabh Sanghvi, Gurneet Singh Dandona, Anu Madgavkar, Michael Chui, Olivia White, and Paige Hasebe, "Generative AI and the Future of Work in America," McKinsey Global Institute, July 26, 2023, https://www.mckinsey.com/mgi/our-research/generative-ai-and-the-future-of-work-in-america.
30. World Economic Forum, "The Future of Jobs Report," April 30, 2023, https://www.weforum.org/reports/the-future-of-jobs-report-2023/in-full/1-introduction-the-global-labour-market-landscape-in-2023.
31. World Economic Forum, "The Future of Jobs Report."
32. Alex Tanzi, "Americans with a College Degree Saw Wages Decline the Most in Two Decades," Bloomberg, February 10, 2023, https://www.spokes-

man. com/stories/2023/feb/10/americans-with-a-college-degree-saw-wages-decline.
33. National Center for Educational Statistics, "Postbaccalaureate Enrollment," May 2023, https://nces. ed. gov/programs/coe/indicator/chb/post baccalaureate-enrollment.
34. Ellingrud et al., "Generative AI and the Future of Work in America."
35. Harari, *Sapiens*, 24.
36. Harari, *Sapiens*, 25.
37. Harari, *Sapiens*, 25.
38. Ellingrud et al., "Generative AI and the Future of Work in America."

第二章

1. "What Makes Some More Afraid of Change Than Others?," Neuro scienceNews. com, May 15, 2022, https://neurosciencenews. com/gene-expression-fear-change-20587.
2. "Stress in America 2022," American Psychological Association, retrieved August 28, 2023, https://www. apa. org/news/press/releases/stress/2022/concerned-future-inflation.
3. Andrew Daniller, "Americans Take a Dim View of the Nation's Future, Look More Positively at the Past," Pew Research Center, April 24, 2023, https://www. pewresearch. org/short-reads/2023/04/24/americans-takea-dim-view-of-the-nations-future-look-more-positively-at-the-past.
4. Rakesh Kochhar and Stella Sechopoulos, "How the American Middle Class Has Changed in the Past Five Decades," Pew Research Center, April 20, 2022, https://www. pewresearch. org/short-reads/2022/04/20/how-the-american-middle-class-has-changed-in-the-past-five-decades.
5. Kristin E. Broady, Darlene Booth-Bell, Jason Coupet, and Moriah Macklin, "Race and Jobs at Risk of Being Automated in the Age of COVID-19,"The Hamilton Project, March 2021, https://www. hamiltonproject. org/assets/fi les/Automation_LO_v7. pdf.
6. Kochar and Sechopoulos, "How the American Middle Class Has

Changed."
7. "Fastest Growing Occupations," U.S. Bureau of Labor Statistics, retrieved August 28, 2023, https://www.bls.gov/ooh/fastest-growing.htm.
8. Matt Sigelman and Jeff Selingo, "Making the Bachelor's Degree More Valuable," Workday and the Burning Glass Institute, 2023, https://static1.squarespace.com/static/6197797102be715f55c0e0a1/t/64192bd965e9974c781-cd025/1679371227418/Making+The+Bachelor%27s+Degree+More+Valuable.pdf.
9. Washington Student Achievement Council, "Washington's Skilled and Educated Workforce, 2021-22," retrieved August 29, 2023, https://wsac.wa.gov/sites/default/files/2021-22.WashingtonsSkilledandEducated WorkforceReport.pdf.
10. Sigelman and Selingo, "Making the Bachelor's Degree More Valuable."
11. "Challenger Report, May 2023," Challenger, Gray & Christmas, June 1, 2023, https://omscgcinc.wpenginepowered.com/wp-content/uploads/2023/06/The-Challenger-Report-May23.pdf.
12. "The Impact of Artificial Intelligence on the Future of Workforces in the European Union and the United States of America," US-EU Trade and Technology Council Inaugural Joint Statement, December 5, 2022, https://www.whitehouse.gov/wp-content/uploads/2022/12/TTC-EC-CEA-AI-Report-12052022-1.pdf.
13. PwC's Global Workforce Hopes and Fears Survey 2023, retrieved August 29, 2023, https://www.pwc.com/gx/en/issues/workforce/hopes-and-fears.html.
14. PwC's Global Workforce Hopes and Fears Survey 2023.
15. Sigelman and Selingo, "Making the Bachelor's Degree More Valuable."
16. Casey Noenickx, "Workplace AI: How Artificial Intelligence Will Transform the Workday," BBC, May 17, 2023, https://www.bbc.com/worklife/article/20230515-workplace-ai-how-artificial-intelligence-will-trans

form-the-workday.
17. David Julian, Wells Fargo, personal interview, March 3, 2016.
18. Michael Chui, Eric Hazan, Roger Roberts, Alex Singla, Kate Smaje,Alex Sukharevsky, Lareina Yee, and Rodney Zemmel, "The Economic Potential of Generative AI: The Next Productivity Frontier," McKinsey & Company, June 14, 2023, https://www.mckinsey.com/capabilities/mckinsey-digital/our-insights/the-economic-potential-of-generative-ai-the-next-productivity-frontier.
19. World Economic Forum, "Future of Jobs Report 2023," May 2023, https://www3.weforum.org/docs/WEF_Future_of_Jobs_2023.pdf.
20. "Three Things Legal Professionals Told Us about Generative AI," Wolters Kluwer, August 7, 2023, https://www.wolterskluwer.com/en/expert-insights/three-things-legal-professionals-told-us-about-generative-ai.
21. Scott Semel, Intralinks, personal interview, March 14, 2016.
22. Larry Neumeister, "Lawyers Blame ChatGPT for Tricking Them into Citing Bogus Case Law," AP News, June 8, 2023, https://apnews.com/article/artificial-intelligence-chatgpt-courts-e15023d7e6fdf4f099aa122437dbb59b.
23. Grant Theron, Young & Rubicam, personal interview, February 23,2016.
24. William Manfredi, Young & Rubicam, personal interview, February 23, 2016.
25. Kevin Collier, "Actors vs. AI: Strike Brings Focus to Emerging Use of Advanced Tech," NBC News, July 14, 2023, https://www.nbcnews.com/tech/tech-news/hollywood-actor-sag-aftra-ai-artificial-intelligence-strike-rcna94191.
26. Collier, "Actors vs. AI."
27. Peter McCabe, GE Transportation, personal interview, February 11,2016.
28. Andrea Cox, GE Aviation, personal interview, February 23, 2016.
29. World Economic Forum, "Future of Jobs Report 2023."
30. Usama Fayyad, personal interview, June 16, 2023.
31. Dana Larivière-Bastien, Olivier Aubuchon, Aurélie Blondin, Do-

minique Dupont, Jamie Libenstein, Florence Séguin, Alexandra Tremblay, et al., "Children's Perspectives on Friendships and Socialization during the COVID-19 Pandemic: A Qualitative Approach," *Child: Care, Health and Development*, March 21, 2022, https://www.ncbi.nlm.nih.gov/pmc/articles/PMC9111596.
32. Elena Bozzola, Giulia Spina, Rino Agostiniani, Sarah Barni, Rocco Russo, Elena Scarpato, Antonio Di Mauro, et al., "The Use of Social Media in Children and Adolescents: Scoping Review on the Potential Risks," *International Journal of Environmental Research and Public Health*, August 12, 2022, https://www.ncbi.nlm.nih.gov/pmc/articles/PMC9407706.
33. World Economic Forum, "Future of Jobs Report 2023."
34. "Vast Majority of Americans Pessimistic on How AI Will Affect Employment," American Staffi ng Association, August 17, 2023, https://americanstaffi ng.net/posts/2023/08/17/how-ai-will-aff ect-employment.
35. Brad Stulberg, "Stop Resisting Change," *New York Times*, August 30, 2023, https://www.nytimes.com/2023/08/30/opinion/how-to-accept-change.html.

第三章

1. WEF Future of Jobs Report 2023, 5, https://www3.weforum.org/docs/WEF_Future_of_Jobs_2023.pdf.
2. WEF Future of Jobs Report 2023, 261.
3. "Your Job Is (Probably) Safe from Artificial Intelligence," *The Economist*, May 7, 2023, https://www.economist.com/finance-and-economics/2023/05/07/your-job-is-probably-safe-from-artifi cial-intelligence.
4. Martin Ford, *Rise of the Robots: Technology and the Threat of a Jobless Future* (New York: Basic Books, 2015), 256; Ryan Avent, *The Wealth of Humans: Work, Power, and Status in the Twenty-First Century* (New York: St. Martin's Press, 2016), 64; Daniel Susskind, *A World without Work: Technology, Automation, and How We Should Respond* (Metropolitan Books, 2020), 5.

183

5. "Your Job Is (Probably) Safe from Artificial Intelligence."
6. Delphine Strauss, "Generative AI Set to Affect 300 Mn Jobs across Major Economies," *Financial Times*, March 27, 2023, https://www.ft.com/content/7dec4483-ad34-4007-bb3a-7ac925643999?shareType=nongift.
7. "Pause Giant AI Experiments: An Open Letter," Future of Life Institute, March 22, 2023, https://futureoflife.org/open-letter/pause-giant-ai-experiments.
8. Chris Vallance, "Meta Scientist Yann LeCun Says AI Won't Destroy Jobs Forever," BBC News, June 15, 2023, https://www.bbc.com/news/technology-65886125.
9. Bill Gates, "The Age of AI Has Begun," March 21, 2023, https://www.gatesnotes.com/The-Age-of-AI-Has-Begun.
10. Jane Parent, "How to Teach Your Teenager to Drive Safely: 5 Steps to Get Results You Want," *Your Teen*, May 11, 2015, https://yourteenmag.com/teenager-school/teens-high-school/parents-teen-driving/learn-how-to-drive.
11. Carl Haub, "How Many People Have Ever Lived on Earth?," Population Reference Bureau, October 2011, http://www.prb.org/Publications/Articles/2002/HowManyPeopleHaveEverLivedonEarth.aspx.
12. Derick Moore, "U.S. Population Estimated at 334,233,854 on Jan. 1,2023," U.S. Census Bureau, December 29, 2022, https://www.census.gov/library/stories/2022/12/happy-new-year-2023.html.
13. Joe Coscarelli, "An AI Hit of Fake 'Drake' and 'The Weeknd' Rattles the Music World," *New York Times*, April 19, 2023, https://www.nytimes.com/2023/04/19/arts/music/ai-drake-the-weeknd-fake.html.
14. Derrick Bryson Taylor, "Paul McCartney Says AI Helped Complete 'Last' Beatles Song," *New York Times*, June 13, 2023, https://www.nytimes.com/2023/06/13/arts/music/paul-mccartney-ai-beatles-song.html?action=click&pgtype=Article&state=default&module=styln-artificial-intelligence&variant=show&region=BELOW_MAIN_CONTENT&block=storyline_fl_ex_guide_recirc.
15. Garrett Schumann, "What Happens When AI Enters the Concert

Hall," *New York Times*, June 10, 2023, https://www.nytimes.com/2023/06/10/arts/music/ai-classical-music.html.

16. Kyung Hee Kim, "Can We Trust Creativity Tests? A Review of the Torrance Tests of Creative Thinking (TTCT)," *Creativity Research Journal* 18, no. 1 (2006): 3, http://people.uncw.edu/caropresoe/GiftedFoundations/SocialEmotional/Creativity-articles/Kim _ Can-we-trust-creativity-tests.pdf.

17. J. P. Guilford, *The Nature of Human Intelligence* (New York: McGraw-Hill, 1967).

18. Kim, "Can We Trust Creativity Tests?," 4.

19. Pablo Arredondo, "GPT-4 Passes the Bar Exam: What That Means for Artificial Intelligence Tools in the Legal Profession," Stanford Law School, April 19, 2023, https://law.stanford.edu/2023/04/19/gpt-4-passes-the-bar-exam-what-that-means-for-artificial-intelligence-tools-in-the-legal-industry.

20. Ken Robinson, "Do Schools Kill Creativity?," talk delivered at TED 2006, conference on "The Future We Will Create," Monterrey, California, February 2006, https://www.ted.com/talks/sir_ken_robinson_do_schools_kill_creativity/c.

21. Richard Arum and Josipa Roksa, *Academically Adrift: Limited Learning on College Campuses* (Chicago: University of Chicago Press, 2011), 121.

22. Program for the International Assessment of Adult Competencies (PIAAC), "Highlights of PIAAC 2017 U.S. Results," https://nces.ed.gov/surveys/piaac/national_results.asp.

23. The term "humanics" was first coined in conjunction with the development of Northeastern University's Academic Plan, published in 2017. I acknowledge the contributions of my colleagues in the development of this concept.

24. Cision PR Newswire, "New Report Shows Disparities in Access to Computer Science Education Persist, Except in States Where Coursework Is Required for Graduation," September 21, 2022, https://

www. prnewswire. com/news-releases/new-report-shows-disparities-in-access-to-computer-science-education-persist-except-in-states-where-coursework-is-required-for-graduation-301629306. html.
25. IEEE, "Impact of the Digital Divide: Economic, Social, and Educational Consequences," Connecting the Unconnected, n. d. , accessed December 13, 2023, https://ctu. ieee. org/impact-of-the-digital-divide-economic-social-and-educational-consequences.
26. Louis Rosenberg, "The Problem with Social Media Is Not Content but Its Distortion of Reality," The Present, April 8, 2022, https://bigthink. com/the-present/social-media-distorts-reality.
27. Jason A. Gallo and Clare Y. Cho, "Social Media: Misinformation and Content Moderation Issues for Congress," Congressional Research Service,January 27, 2021, https://crsreports. congress. gov/product/pdf/R/R46662.
28. Cade Metz, "What Makes AI Chatbots Go Wrong?," *New York Times*, March 29, 2023, https://www. nytimes. com/2023/03/29/technology/ai-chatbots-hallucinations. html.
29. Patrick Hymel, "Kubrickian HALlucinations: Using Chat GPT-4 for Clinical Research Review and Synthesis," LinkedIn. com, April 13, 2023, https://www. linkedin. com/pulse/kubrikian-hallucinations-my-deep-dive-using-chat-gpt-4-hymel-md.
30. Julian Matthews, "A Cognitive Scientist Explains Why Humans Are So Susceptible to Fake News and Misinformation," Nieman Lab, April 17,2019, https://www. niemanlab. org/2019/04/a-cognitive-scientist-explains-why-humans-are-so-susceptible-to-fake-news-and-misinformation.
31. Cision PR Newswire, "Lunit's AI- Powered Lung Cancer Screening Solution Signifi cantly Aff ects Radiologists' Diagnostic Determination—Published in *Radiology*," July 3, 2023, https://www. prnewswire. com/news-releases/lunits-ai-powered-lung-cancer-screening-solution-signifi cantly-aff ects-radiologists-diagnostic-determination---pub-

lished-in-radiology-301868701. html.
32. Isha Salian, "Guinness World Record Awarded for Fastest DNA Sequencing— Just 5 Hours," nVidia, February 18, 2022, https://blogs. nvidia. com/blog/2022/02/18/guinness-world-record-fastest-dna-sequencing.
33. Pavel Orlov, "What Businesses Should Know about Digital Twins," *Forbes*, April 19, 2023, https://www.forbes.com/sites/forbestechcouncil/2023/04/19/what-businesses-should-know-about-digital-twins/?sh=1c573ef71e4f.
34. Suzana Herculano-Houzel, *The Human Advantage: How Our Brains Became Remarkable* (Cambridge, MA: MIT Press, 2016).
35. Paula Caligiuri, *Cultural Agility: Building a Pipeline of Successful Global Professionals* (San Francisco: Jossey-Bass, 2012), 4.
36. Raffi Khatchadourian, "We Know How You Feel," *New Yorker*, January 19, 2015, http://www.newyorker.com/magazine/2015/01/19/know-feel.
37. Stanislas Dehaene and Lionel Maccache, "Towards a Cognitive Neuroscience of Consciousness: Basic Evidence and a Workspace Framework," *Cognition* 79, nos. 1-2 (2001), https://www.sciencedirect.com/science/article/abs/pii/S0010027700001232.
38. Thomas Suddendorf, "What Separates Us from the Animals?," *Slate*, March 3, 2014, https://slate.com/technology/2014/03/the-science-of-what-separates-us-from-other-animals-human-imagination-and-our-ability-to-share-imaginative-scenarios-with-others.html.
39. Suddendorf, "What Separates Us from the Animals?"

第四章

1. Kate Wells, "An Eating Disorders Chatbot Offered Dieting Advice, Raising Fears about AI in Health," NPR, June 9, 2023, https://www.npr.org/sections/health-shots/2023/06/08/1180838096/an-eating-disorders-chatbot-offered-dieting-advice-raising-fears-about-ai-in-hea.
2. Catherine Thorbecke, "It Didn't Take Long for Meta's New Chatbot to Say Something Off ensive," CNN Business, August 11, 2022, https://www.cnn.com/2022/08/11/tech/meta-chatbot-blenderbot/index.ht-

ml.
3. John Dewey, *Experience and Education* (New York: Touchstone, 1938), http://ruby. fgcu. edu/courses/ndemers/colloquium/experienceducation dewey. pdf.
4. Dewey, *Experience and Education*.
5. Ronald Fry and David Kolb, "Experiential Learning Theory and Learning Experiences in Liberal Arts Education," *Enriching the Liberal Arts through Experiential Learning* (San Francisco: Jossey-Bass, 1979), 80.
6. The contributions of Susan Ambrose, formerly Northeastern University's senior vice provost for undergraduate education and experiential learning, to the field of learning science have been critical to the ideas developed in this section. I thank her for her assistance.
7. Susan A. Ambrose, Michael W. Bridges, Michele DiPietro, Marsha C. Lovett, Marie K. Norman, and Richard E. Mayer, *How Learning Works: Seven Research-Based Principles for Smart Teaching* (San Francisco: Jossey-Bass, 2010), 95.
8. Ambrose et al., *How Learning Works*, 97.
9. Ambrose et al., *How Learning Works*, 108.
10. Ambrose et al., *How Learning Works*, 110.
11. Ambrose et al., *How Learning Works*, 110.
12. Dakin Andone, Alexandra Meeks, and Faith Karimi, "Some College Towns Grapple with COVID-19 as Students Return for Fall Semester,"CNN.com, September 12, 2020, https://www. cnn. com/2020/09/12/health/us-coronavirus-saturday/index. html.
13. Kif Leswing, "Microsoft's Bing AI Made Several Factual Errors in Last Week's Launch Demo," CNBC. com, February 14, 2023, https://www. cnbc. com/2023/02/14/microsoft-bing-ai-made-several-errors-in-launch-demo-last-week-. html.
14. James Vincent, "Google's AI Chatbot Bard Makes Factual Error in First Demo," The Verge, February 8,2023, https://www. theverge. com/2023/2/8/23590864/google-ai-chatbot-bard-mistake-error-exo-

planet-demo.
15. Emily Olson, "Google Shares Drop $100 Billion after Its New AI Chatbot Makes a Mistake," NPR, February 9, 2023, https://www.npr.org/2023/02/09/1155650909/google-chatbot--error-bard-shares.
16. Ross Andersen, "Does Sam Altman Know What He's Creating?," *The Atlantic*, September 2023, https://www.theatlantic.com/magazine/archive/2023/09/sam-altman-openai-chatgpt-gpt-4/674764.
17. Andersen, "Does Sam Altman Know What He's Creating?"
18. Sally Walker, "Is It Worth Recruiting AI as a Spy?," *Financial Times*, July 21, 2023, https://www.ft.com/content/c6db50c0-1a94-4f2f-b9cd-7c580ce44bc1.
19. Walker, "Is It Worth Recruiting AI as a Spy?," 16.
20. Priya Dialani, "Famous AI Gone Wrong Examples in the Real World We Need to Know," Analytics Insight, March 9, 2021, https://www.analyticsinsight.net/famous-ai-gone-wrong-examples-in-the-real-world-we-need-to-know.
21. Nico Grant and Kashmir Hill, "Google's Photo App Still Can't Find Gorillas. And Neither Can Apple's," *New York Times*, May 22, 2023, https://www.nytimes.com/2023/05/22/technology/ai-photo-labels-google-apple.html.
22. Carol S. Dweck, *Mindset: The New Psychology of Success* (New York: Ballantine Books, 2008), 12.
23. Northeastern University, "All College Grads Want to Be Prepared for Their Careers. Northeastern Students Actually Are," http://www.northeastern.edu/preparedness.
24. Robin Porter, "How Important Are Internships and Co-ops?," Collegerecruiter.com, August 26, 2019, https://www.collegerecruiter.com/blog/2019/08/26/how-important-are-internships-and-co-ops.
25. Northeastern University and FTI Consulting, Business Elite National Poll, Third Installment of the Innovative Imperative Polling Series, Topline Report, survey conducted February 3-19, 2014, http://www.northeastern.edu/innovationsurvey/pdfs/Pipeline_toplines.pdf.

26. Northeastern University senior co- opcoordinator Lisa Doherty, personal interview, July 27, 2023.
27. George Anders, "Hiring's New Red Line: Why Newcomers Can't Land 35% of Entry- Level Jobs," LinkedIn. com, August 18, 2021, https://www. linkedin. com/pulse/hirings-new-red-line-why-newcomers-cant-land-35-jobs-george-anders.
28. Ramanda Nanda and Jesper B. Sorenson, "Workplace Peers and Entrepreneurship," *Management Science* 56, no.7 (2010):1116-1126.
29. Edward P. Lazear, "Entrepreneurship," *Journal of Labor Economics* 23, no. 4 (2005):649-680.
30. Jackie Firsty, personal interview, August 3, 2023.
31. Bennett Thompson, personal interview, July 5, 2023.
32. Mackenzie Jones, personal interview, February 11, 2016.
33. Mary Tobin, personal interview, February 22, 2016.
34. Smeet Patel, personal interview, July 10, 2023.

第五章

1. Arnold J. Toynbee, *A Study of History*, vol. 1: *Introduction: The Geneses of Civilizations* (London: Oxford University Press, 1934), 24.
2. Jared Diamond, *Collapse: How Societies Choose to Fail or Succeed* (New York: Viking Press, 2005), 274–275.
3. Emma Dom, Andre Dua, Jonathan Law, and Samvitha Ram, "Higher Education Enrollment: Inevitable Decline or Online Opportunity?,"Mc Kinsey & Company, November 2020, https://www. mckinsey. com/industries/education/our-insights/higher-education-enrollment-inevitable-decline-or-online-opportunity.
4. World Health Organization, "Aging and Health," October 1, 2022,https://www. who. int/news-room/fact-sheets/detail/ageing-and-health.
5. Jorge Tamayo, Leila Doumi, Sagar Goel, Orsolya Kovács-Ondrejkovic,and Raff aella Sadun, "Reskilling in the Age of AI," *Harvard Business Review*, September-October 2023.
6. Alan Tait, "Reflections on Student Support in Open and Distance

Learning," *International Review of Research in Open and Distance Learning* (2003), http://oro.open.ac.uk/1017/1/604.pdf.

7. Daniel Webster, "Lecture before the Society for the Diffusion of Useful Knowledge, Boston, November 11, 1836," in *The Writings and Speeches of Daniel Webster*, vol. 13 (Boston: Little, Brown, 1903), Google Books, https://books.google.com/books?id=2iF3AAAAMAAJ&pg=PA63&source=gbs_toc_r&cad=3#v=onepage&q&f=false; Oliver Wendell Holmes, *Currents and Counter-Currents in Medical Science: With Other Addresses and Essays* (Boston: Ticknor and Fields, 1861), Google Books, https://books.google.com/books?id=c8MNAAAAYAAJ&printsec=frontcover&source=gbs_ge_summary_r&cad=0#v=onepage&q&f=false.

8. Lowell Institute, "About the Lowell Institute," www.lowellinstitute.org/about.

9. YMCA, "History— Founding," http://www.ymca.net/history/founding.html.

10. National Center for Education Statistics, https://nces.ed.gov/programs/digest/d22/tables/dt22_303.40.asp.

11. American Association of Community Colleges website, https://www.aacc.nche.edu.

12. National Center for Education Statistics, https://nces.ed.gov/programs/digest/d13/tables/dt13_303.70.asp.

13. World Health Organization, "Aging and Health."

14. Jonathan Vespa, Lauren Medina, and David M. Armstrong, "Demographic Turning Points for the United States: Population Projections for 2020 to 2060," Census.gov, February 2020, https://www.census.gov/content/dam/Census/library/publications/2020/demo/p25-1144.pdf.

15. U.S. Bureau of Labor Statistics, "Employment Projections," September 8, 2022, https://www.bls.gov/emp/tables/civilian-labor-force-summary.htm.

16. Doug Lederman, "What Have We Learned about Online Learning?," Inside Higher Ed, July 5, 2022, https://www.insidehighered.com/

191

news/2022/07/06/what-have-we-learned-about-online-learning.
17. Kameshwari Shankar, Punit Arora, and Marla Christina Binz-Scharf,"Evidence on Online Higher Education: The Promise of COVID-19 Pandemic Data," *Management and Labour Studies* 48, no. 2 (December 25, 2021), https://journals.sagepub.com/doi/full/10.1177/0258042X211064783.
18. Jon Marcus, "What Researchers Learned about Online Higher Education during the Pandemic," The Hechinger Report, October 6, 2022, https://hechingerreport.org/what-researchers-learned-about-online-higher-education-during-the-pandemic.
19. Doug Lederman, "Online Is (Increasingly) Local," Inside Higher Ed,June 4, 2019, https://www.insidehighered.com/digital-learning/article/2019/06/05/annual-survey-shows-online-college-students-increasingly.
20. Duong Huu Tong, Bui Phuong Uyen, and Lu Kim Ngan, "The Effectiveness of Blended Learning on Students' Academic Achievement, Self-Study Skills, and Learning Attitudes: A Quasi-Experiment Study in Teaching the Conventions for Coordinates in the Plane," *Heliyon* 8, no. 12 (December 2022), https://www.sciencedirect.com/science/article/pii/S2405844022039457#abs0010.
21. "CUNY Partners with IBM and the Business Roundtable to Create New Tech Courses Tied to In-Demand Jobs," City University of New York, December 13, 2019, https://www1.cuny.edu/mu/forum/2019/12/13/cuny-partners-with-ibm-and-the-business-roundtable-to-create-new-tech-courses-tied-to-in-demand-jobs.
22. Michael J. Fenlon and Brian K. Fitzgerald, "Creating the Future Workforce Today," Business Higher Education Forum, 2021, retrieved August 24, 2023, https://www.bhef.com/sites/default/files/2021_PwC-BHEF-Report2.pdf.
23. Dan Koloski, personal interview, June 1, 2023.
24. National Center for Educational Statistics, "Trend Generator," retrieved August 24, 2023, https://nces.ed.gov/ipeds/TrendGenerator/app/answer/5/30?f=41%3D2%7C1%7C3.

25. Clark Kerr, *The Uses of the University* (Cambridge, MA: Harvard University Press, 1963).
26. Martin Ihrig and Ian MacMillian, "How to Get Ecosystem Buy-In," *Harvard Business Review*, March-April 2017.

后记

1. Economic Research, Federal Reserve Bank of St. Louis, "Unemployment Rate for United States," https://fred.stlouisfed.org/series/M0892BUSM156SNBR.
2. Centers for Disease Control and Prevention, "Leading Causes of Death, 1900 – 1998," https://www.cdc.gov/nchs/data/dvs/lead1900_98.pdf.
3. NOAA National Centers for Environmental Information, "Climate at a Glance: Global Time Series," March 2017, http://www.ncdc.noaa.gov/cag.
4. Vannevar Bush, *Science: The Endless Frontier* (Washington, DC: United States Government Printing Office, 1945), https://nsf.gov/about/history/vbush1945.htm.
5. Bush, *Science*.
6. Skills Future website, https://www.skillsfuture.gov.sg.
7. Yong Li Xuan, "560,000 Tapped Skills Future Schemes in 2022, down from 660,000 in 2021," *The Straits Times*, March 23, 2023, https://www.straitstimes.com/singapore/560000-tapped-skillsfuture-schemes-in-2022-down-from-660000-in-2021.
8. European Commission, "Switzerland," Eurydice, May 25, 2023, https://eurydice.eacea.ec.europa.eu/national-education-systems/switzerland/overview.
9. Amy Barrett, "Is a Degree Worth It?," *Financial Times*, August 18, 2023, https://www.ft.com/content/490b8aa2-99c2-497f-ab75-1f8c74215803?shareType=nongift.
10. Toh Ee Ming, "How an Ecosystem for Lifelong Learning Builds a More Resilient Workforce," *The Straits Times*, December 1, 2022, https://www.straitstimes.com/singapore/how-an-ecosystem-for-life-

long-learning-builds-a-more-resilient-workforce.
11. Frances Wilkinson, "Challenges for University-Industry Collaborationin 2021: What Are Technology Transfer Teams up Against?," In-Part, March 12, 2021, https://in-part.com/blog/challenges-for-university-industry-collaboration-2021.
12. Phil Baty, "University Industry Collaboration," Times Higher Education Consultancy Report, November 2020.
13. David Burbridge, "Spurring Innovation and Attracting Talent: The Many Benefits of University-Industry Collaboration," May 9, 2023, https://www.impact.science/blog/spurring-innovation-and-attracting-talent-the-many-benefits-of-university-industry-collaboration.
14. Pieter Stek, "The Strategic Alliance between Sungkyunkwan Universityand the Samsung Group: South Korean Exceptionalism or New Global Model?," *Helice* 4, no. 1 (2015), https://www.triplehelixassociation.org/helice/volume-4-2015/helice-issue-12/the-strategic-alliance-between-sungkyunkwan-university-and-the-samsung-group-south-korean-exceptionalism-or-new-global-model.
15. John Henry Newman, "Discourse 7: Knowledge Viewed in Relation to Professional Skill," in *The Idea of a University* (1852), 178, http://newmanreader.org/works/idea/discourse7.html.
16. William H. Whyte Jr., *The Organization Man* (New York: Simon and Schuster, 1956).